よみがえる港・塩津

北国と京をつないだ琵琶湖の重要港

水野章二 編著

SUNRISE

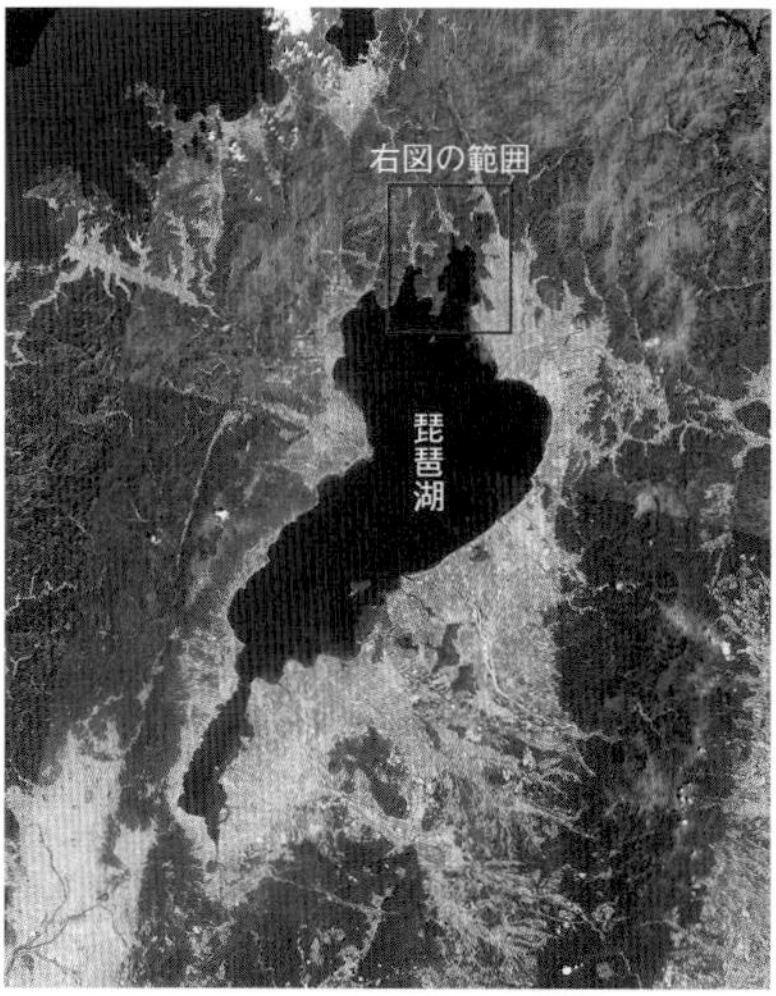

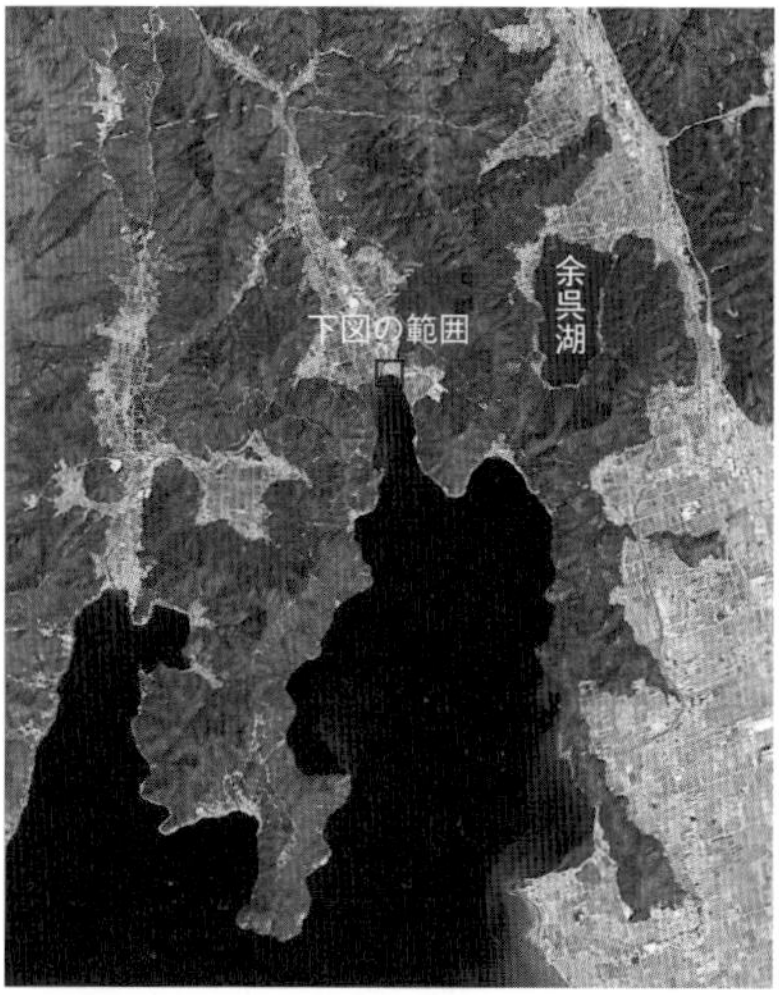

口絵１・２　塩津港遺跡の位置　２点とも国土地理院サイト（電子国土Web）の空中写真に加筆

口絵３　塩津港遺跡の調査地航空写真

口絵４　地下４ｍのところから顔を出した12世紀の塩津港（各調査区を合成）

鋼矢板で囲われた中に見えているのが発掘調査で顔を出した12世紀の塩津港である。方形の区画が琵琶湖に向かって数多く築かれている。写真は12世紀中頃の一場面で、古代の塩津港はめまぐるるしくその姿を変えていく。

中央を貫いているのが旧塩津道でこれより先は琵琶湖水運で大津へと繋がる。

口絵５　中心区画の建物・基壇（12世紀）

口絵６　12世紀の塩津道（右）と中心区画（左）

口絵７　塩津港造成の様子（12世紀）
さまざまな工法で埋め立てが行われた。造成には木材が多用された。

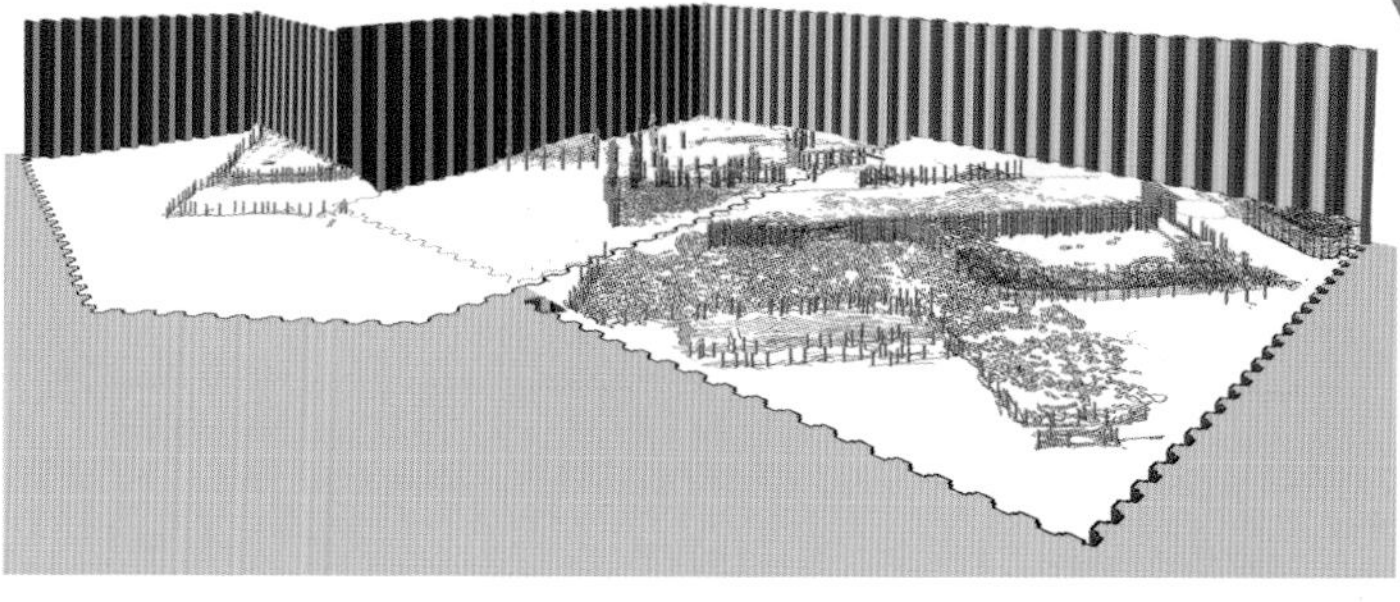

口絵８　11世紀の神社

左下は復元模型

口絵９　12世紀の神社

左下は復元模型

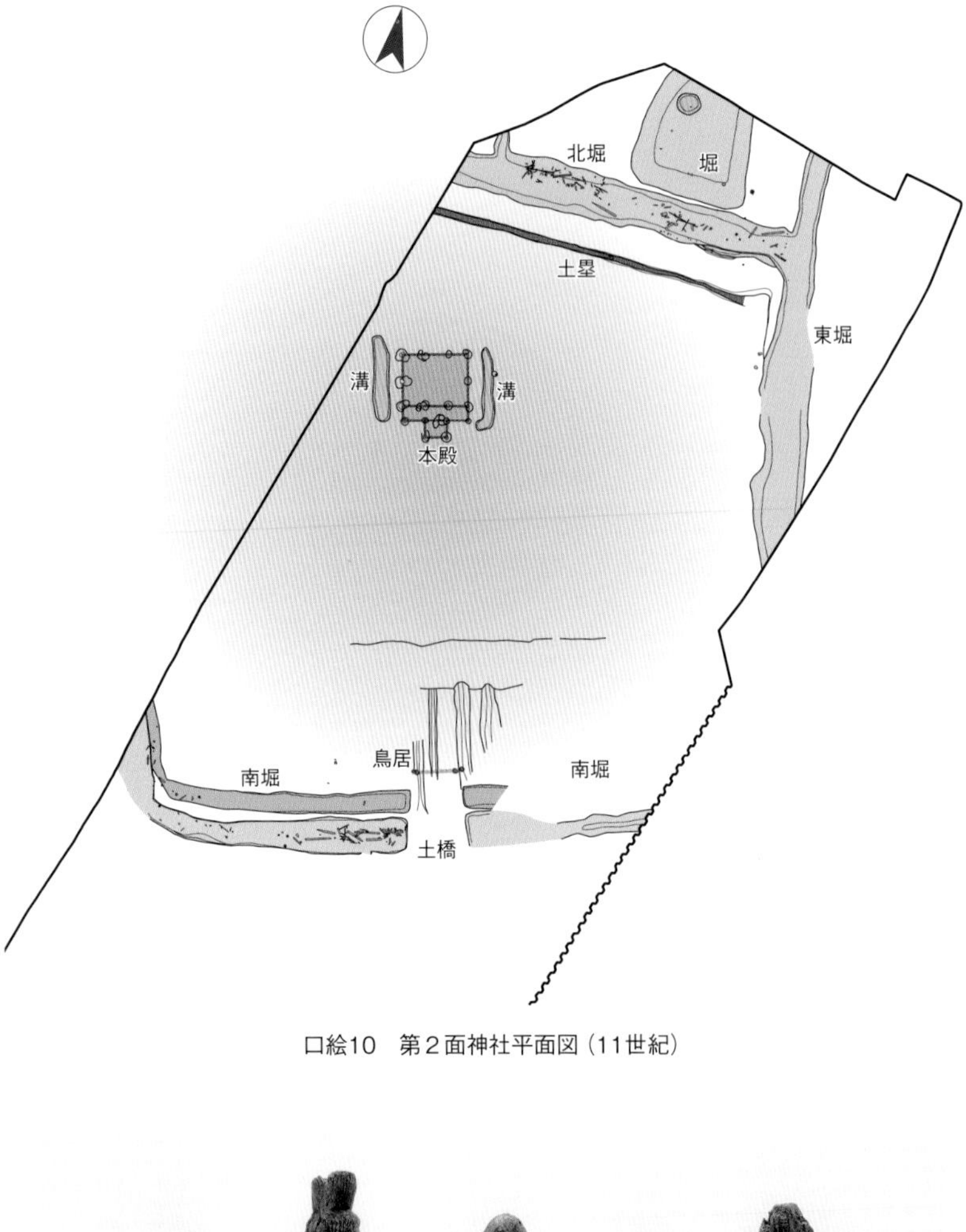

口絵10　第２面神社平面図（11世紀）

口絵11　出土した神像５体

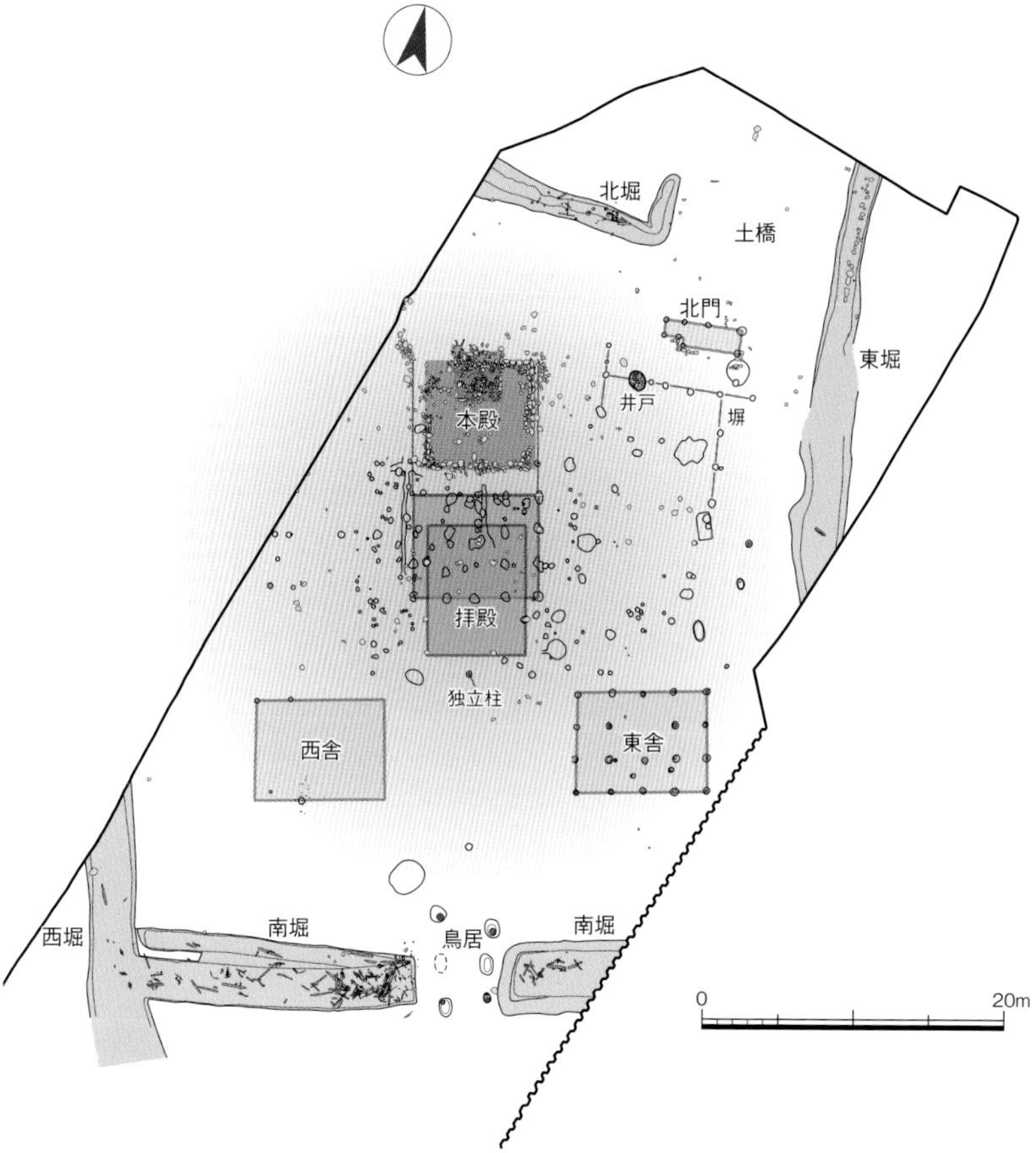

口絵12　第１面神社平面図（12世紀）

口絵13　発掘された塩津の神社イメージ図

口絵14　木札出土状況

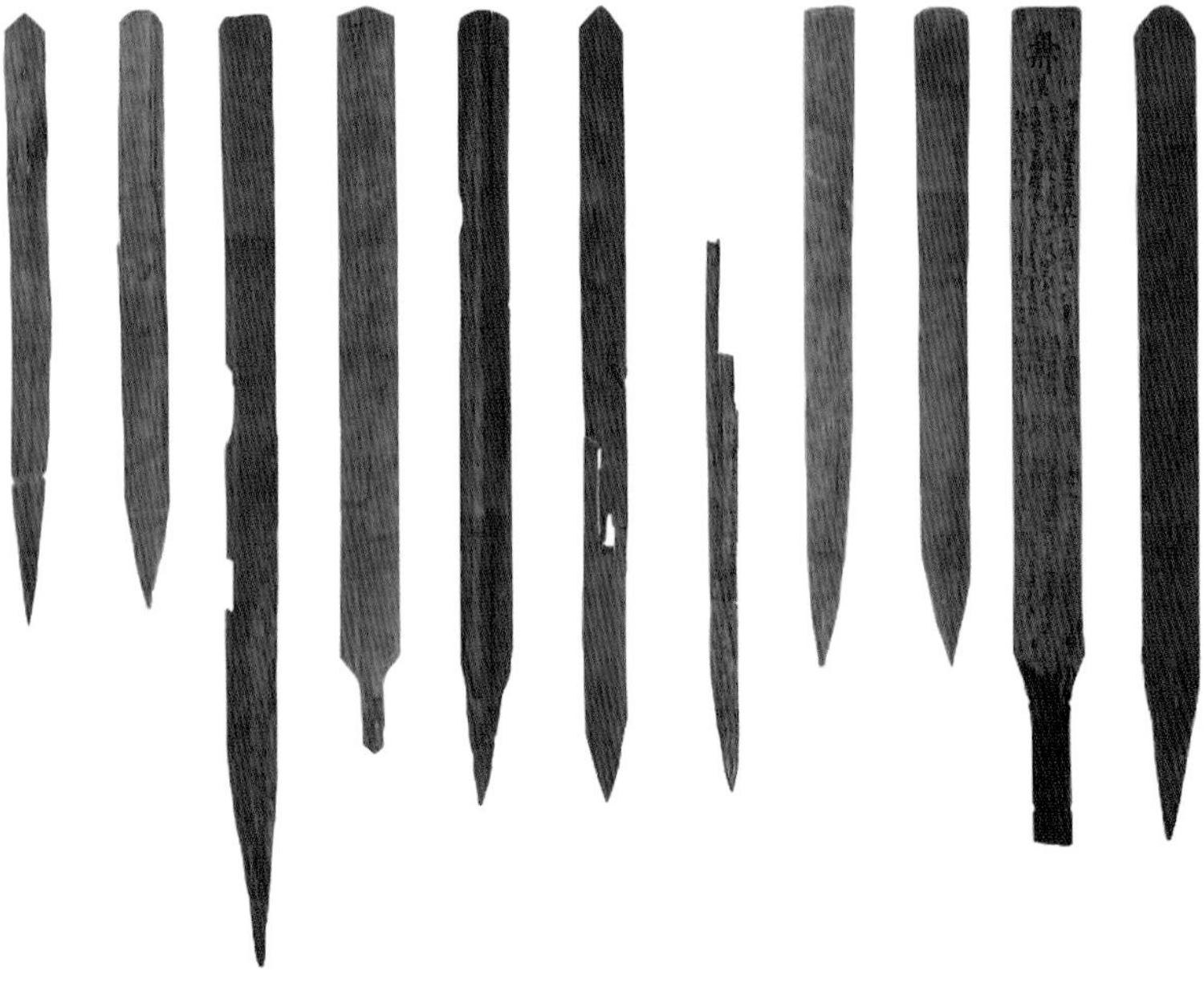

口絵15　出土した起請文木札

目次

第四章　塩津荘の歴史と交通　太田浩司

序章　塩津と塩津港遺跡

水野　章二

重要港塩津

塩津（現長浜市西浅井町）は琵琶湖の北端、東西約三キロ、南北約七キロの塩津湾の最奥に位置する。東・西・北は山に囲まれ、集落の中央を北陸に抜ける国道八号線が通る、小さな漁港のある静かな地域である。かつて塩津は、日本海側の拠点港敦賀《つるが》と連結された古代以来の全国的な重要港であった。『延喜式《えんぎしき》』主税《しゅぜい》上「諸国運漕雑物功賃」の北陸道の記載は、次のようになっている。

若狭国、陸路駄別に稲十束五把、海路勝野津より大津に至る船賃、米は石別に一升、挟杪の功は四斗、水手は三斗、但し挟杪一人・水手四人、米五十石を漕べ。越前国、陸路二十四束、海路比楽湊より敦賀津に漕ぶ船賃、石別に稲七把、挟杪は四十束、水手は二十束、但し挟杪一人・水手四人、米五十石を漕べ。加賀、能登、越中等国また同じ。敦賀津より塩津に運ぶ駄賃、米一斗六升、塩津より大津に漕ぐ船賃、石別に米二升、屋賃、石別に一升、挟杪は六斗、水手は四斗、大津より京に運ぶ駄賃、別に米八升、自余の雑物の斤両は米に准えよ。

加賀、陸路（以下略）

若狭を除く北陸道諸国から京都への運上物は、まず比楽《ひら》湊などの各国の国津から海路で越前の敦賀津に運ばれる。「敦賀津より塩津に運ぶ駄賃」「塩津より大津に漕《はこ》ぶ船賃」が計上されているように、敦賀津から塩津までは陸送、塩津からは琵琶湖上を船で大津まで運び、そこから京都へ陸路で送られた。なお塩津―大津間では、「屋賃、石別に一升」が船賃に付随する経費として計上されている。この「屋賃」は積荷を保管するためと推測され、塩津には倉庫が置かれていたと思われる。船で運ぶ場合は、挟杪《かじとり》（船の責任者）や水手《かこ》（船の乗組員）の「功」（経費）がかかるものの、一度に大量に運べるため、馬で輸送するより、輸送コストは安い。

　京都と北陸道諸国の物流においては、越前敦賀—近江塩津—京都を基幹ルートに、陸路と海路を組み合わせたものとなっていたのである。

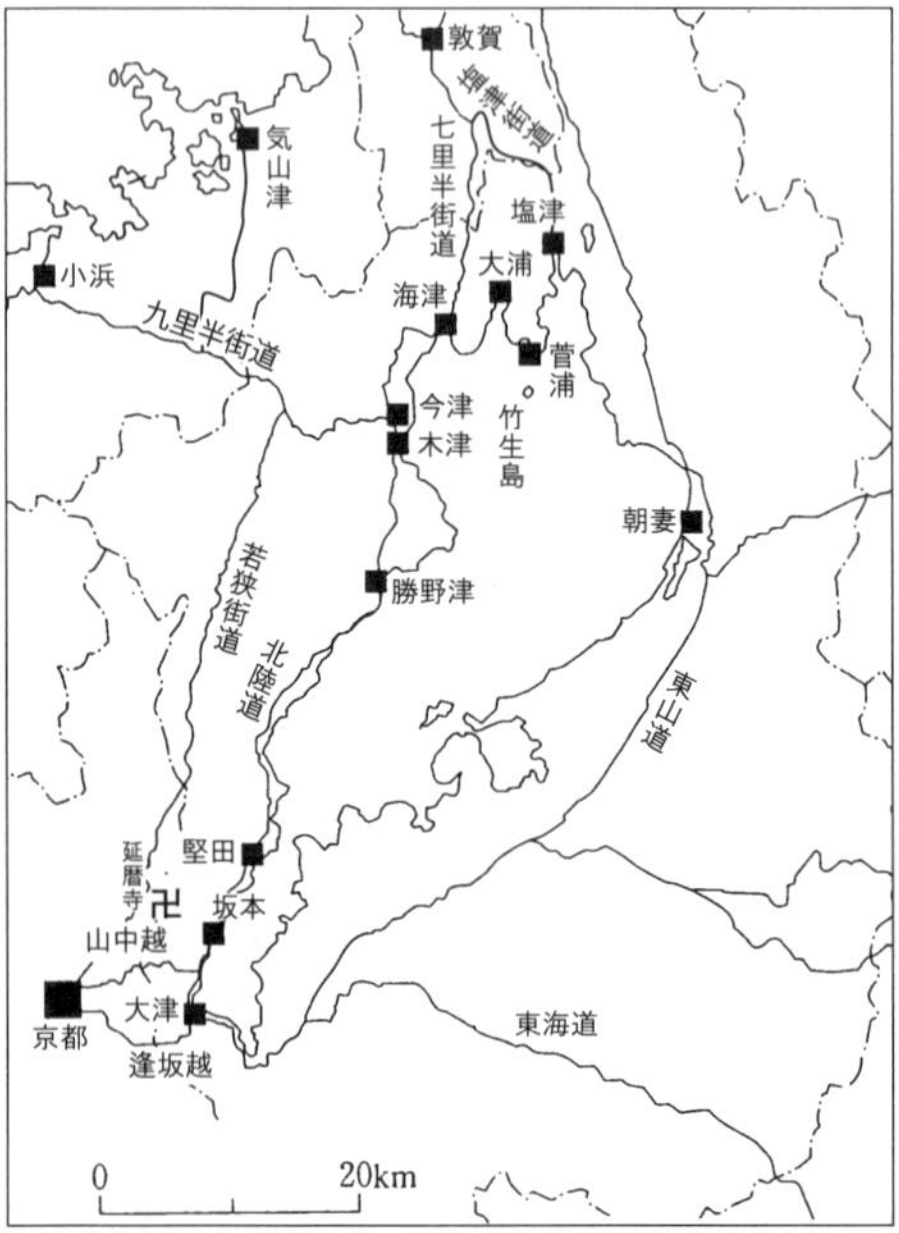

序－1　近江の交通路

　古代の北陸方面への官道は、琵琶湖の西を北上する北陸道があったが、そのルートや愛発関《あらち》の位置については諸説がある。『続日本紀《しょくにほんぎ》』天平宝字八年（七六四）九月一八日条によれば、北陸道を通って越前に逃亡を図った藤原仲麻呂《ふじわらのなかまろ》（恵美押勝《えみのおしかつ》）は、愛発関を通過できず、「船に乗り浅井郡塩津に向」ったものの、逆風によって引き返し、湖西の勝野で斬殺《ざんさつ》される。『万葉集』にも、湖上交通の要衝としての塩津や、「塩津山」を越えて敦賀に向かう陸路の姿が詠まれている。紫式部は長徳二年（九九六）に、越前守に任じられた父藤原為時《ふじわらのためとき》にしたがって越前国へ下向する際、湖西の勝野津から船に乗って塩津に上陸し、そこから陸路で敦賀に向かっている。『紫式部集』では、その時に見た湖北の情景や「塩津山」を和歌に詠んでいる。

　水うみに、老津島《おいつしま》という洲崎に向かひて、童《わらは》べの浦といふ入海のおかしきを、口ずさみに

　老津島島守る神や諌むらん波もさはがぬ童べの浦（表記は岩波新日本古典文学大系）

「老津島」「童べの浦」などをめぐっては多くの議論があるが、以前より塩津大川の形成した砂州と入り江に比定する説（角田一九六六）があり、近年でも有力な解釈となっている（長谷川ほか一九八九）。塩津港遺跡で港とセットになる平安期の神社遺構が検出されたのが、この大川の河口部であり、紫式部が「島守る神」と詠んだ神社であった可能性が高い（濱二〇一二）。塩津より深坂《ふかさか》を越える陸路（塩津道・塩津街道）は、追分で湖西を北上してきた陸路（海津道・七里半街道）と合流して、敦賀に至る。塩津は北陸道の駅家ではないが、交通上の重要拠点であった。

平安後期には、荘園制の確立にともなって、塩津は京都への年貢輸送の中継基地として

発展をみせるが、戸田芳実は北陸で捕獲・加工された大量の鮭《さけ》が敦賀・塩津を経て京都・畿内へ輸送されたことから、このルートを「鮭の道」と表現した（戸田一九九二）。塩津―敦賀間の陸路は、その距離から、のちに五里半越（直線距離では約二〇キロ）とも呼ばれた琵琶湖と日本海を接続する最短ルートであった。近世においても塩津は、琵琶湖最大の船籍数を有しており、近世後期に瀬戸内海を通って直接大坂・京都に向かう西廻り航路が開かれるまで、北国と京をつなぐ日本有数の物流拠点だったのである。

しかし近代化によって、交通の主役は鉄道や自動車に取って代わられ、かつて北日本・東日本と畿内を結んだ最も重要な水上交通路であった琵琶湖の役割も、消滅していく。現在、琵琶湖に浮かぶ船は、一部の漁船を除けば、観光・レジャー関係のものばかりである。塩津街道に沿った町並みや、琵琶湖に流入する大川（塩津大川）の旧河道である大坪《おおつぼ》川に面した船溜《ふなだ》まりの痕跡が残されているものの、塩津が全国的な重要港であったことを知っている人は多くはない。

塩津港遺跡

塩津の歴史的役割はきわめて大きいが、古代には塩津郷、中世には塩津荘が位置したことなどは知られているものの、関連史料が乏しいという事情もあって、港の実態はほとんど解明されていない。研究が少ないまま、忘れられてしまった重要港、それが塩津である。しかし二〇〇六年からの河川改修工事や、二〇一二年の国

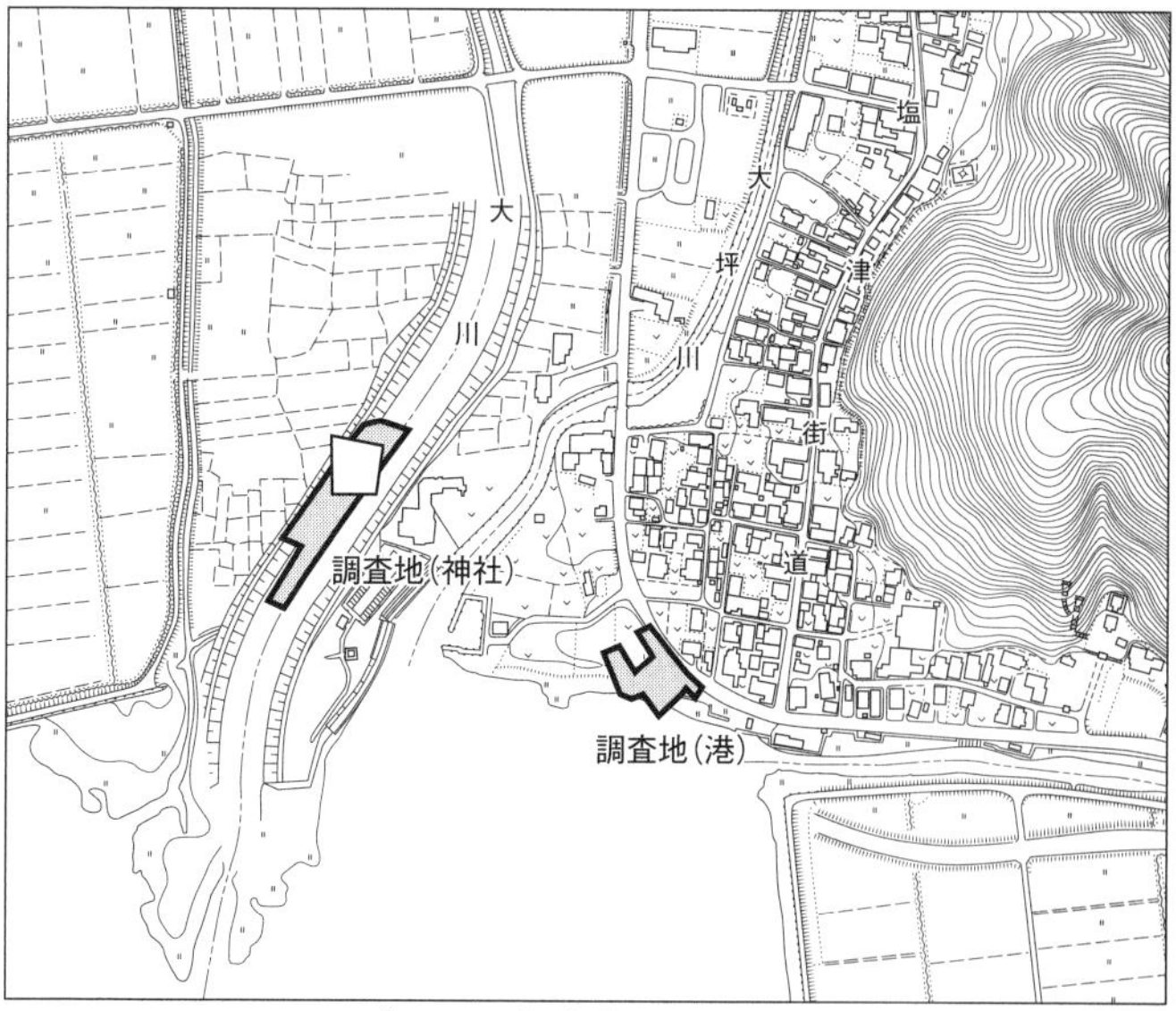

序－２　塩津港遺跡の位置

道バイパス工事にともなう発掘調査以降、現在まで調査が重ねられ、かつての姿がよみがえりつつある。

発掘面積はさほど広いとはいえないが、塩津港遺跡の平安期〜南北朝期の港湾遺構は現水面下にあった。遺跡が琵琶湖の水位上昇によって水没していたため、後世の攪乱《かくらん》を受けておらず、遺構・遺物の保存がきわめてよいのである。本書各章で述べられるように、現存最古の事例を含む多くの起請文木札や、港と密接な関係にあった堀で区画された神社、大量の遺物や高い人口密集度が示す都市的空間の実態など、従来の港のイメージを覆す、驚きといってよい諸事実が明らかになっている。起請文木札は、交通・運輸に関わった塩津周辺の人々が、不正行為をしないことを神仏に誓約したものが多いが、そのうちの保延三年（一一三七）七月二九日草部行元起請文に「負荷」として記された「魚」は、前述した鮭の可能性が高い。

これまでの港湾研究では、発掘事例や絵画資料からは、大規模で恒常的な構造物が確認できないことなどから、中世前期には内湾する海岸地形に大幅に依存した港湾や、河岸や中州の地形を利用した小規模な船着場が普遍的であり、中世後期に人為的な地形改変・造成を一部ともなう港湾が出現するとされてきた。人工構造物による自然地形への働きかけという点では、近世が画期となるという（佐藤二〇一六）。

しかし本書第一章で明らかにされているように、塩津港遺跡では、杭などによって一メートルほどの垂直護岸を築きながら、一二世紀に二・五メートル地盤を嵩《かさ》上げし、小規模な護岸工事と埋立て工事を繰り返し積み重ねて、四〇メートルほど湖岸線を拡張して造成しているのである。琵琶湖北部に北陸とをつなぐ津湊がどうしても必要であり、そのために相当なエネルギーを費やして、維持・造成された津湊の跡が塩津港遺跡なのである。

津湊の立地条件

港は本来、地形的に不安定な水辺に成立し、潮流・風向き・地形や内陸とのアクセスなどの条件に強く規定される（市村一九九六・宇佐見二〇〇二）。古代・中世においては、港の大規模な造成・維持は技術的な限界が大きく、またかけられるコストも限られていたため、その立地は自然条件に大きく依存しており、環境変化の影響を受けやすい性格を有していた。近年では、日本海岸などを中心に古い時代の港の復原研究が進み、ラグーン（潟湖《せきこ》）や河口といった地形条件が注目されている（仁木・綿貫二〇一五）。しかし中世後期には、気温の低下にともなう冬の季節風が強くなる一方で、降水量は増大しており、開発にともなう河川上流からの土砂供給も増加する。そのため飛砂現象が強まり、潟湖が閉塞したり、港湾機能が低下して廃絶してしまうことも稀ではなかった（水野近刊・水野二〇二〇）。

湊の立地が自然条件に大きく規定されるのは琵琶湖においても同じであり、現在のように南郷《なんごう》洗堰《あらいぜき》による調節がなされなければ、通常でも季節によって一メートル程度の水位変動があるため、湖岸線に接する形では、安定した道は付けられない。それに琵琶湖では、長期的な水位変動も大きい。近代以前の港の多くは、琵琶湖の一部が土砂の堆積などによって閉塞されて成立した内湖や、河口を少し遡った地点などを選んで立地している。強い風波から船や積み荷を守るためには、少しでも安全に停泊・着岸できる場所が求められるのであり、今津（現高島市）・堅田《かたた》（現大津市）などは内湖を船溜まりとし、朝妻《あさづま》（現米原市）などは天野《あまの》川の河口近くに位置していたと考えられる。自然地形を最大限利用して成立した港は、琵琶湖の水位や河川環境などが変化すれば、可能な範囲内では対応するものの、やがて移動せざるをえなくなる。塩津港遺跡は一四世紀の終わり頃まで使われ続けて後、水没する。しかし港は消滅したのではない。塩津は、塩津湾のなかで場所を変えながら、港湾機能を維持し続けたのである。琵琶湖岸における多くの港は、琵琶湖の環境変動と深く連動しつつ、成立・変容・消滅していった。塩津港遺跡もその一例ではあるが、他には例を見ない、埋立てによって港湾が造成されていった過程が解明され、また大量の出土遺物から、港でのさまざまな生業や生活の実態が明らかになったのである。

なおここで確認しておきたいのは、塩津港遺跡という遺跡名についてである。塩津港という名称は古代・中世には存在しておらず、史料には塩津とのみ表記されている。古代・中世においては、港を表現する場合、津や湊という言葉が一般的に使用される。これまでにも指摘されているように、津が「わたしば」「ふなつき」を主要な語義とするのに対し、湊は「水のあつまるところ」を本義とし、河口をさす水門《みなと》・水戸に通じるように、河口の「みなと」である点に特徴があった。津と湊は、港湾立地の相違を反映した呼称で、沿海岸・内海の津、河口の湊というおおまかな使い分けがなされていたと考えられている（市村二〇〇六）。塩津は河口には位置しているものの、けっして河川交通との結節点という機能はなく、あくまで陸路で結びついた港であり、やはり津という範疇《はんちゅう》に属するといってよい。以下本書では、遺跡の名称や現在をも含む一般的な機能を示す場合は港という表記を使用し、前近代に即した実態を示す場合には津・湊という表記を用いたい。

参考文献

市村高男「中世後期の津・湊と地域社会」、『中世都市研究』三、新人物往来社、一九九六年

市村高男「中世日本の港町」、歴史学研究会編『港町のトポグラフィ』、青木書店、二〇〇六年

宇佐見隆之「津・市・宿」、佐藤信・吉田伸之編『新体系日本史6都市社会史』、山川出版社、二〇〇一年

滋賀県教育委員会・滋賀県文化財保護協会『塩津港遺跡』一、二〇一九年

角田文衞「越路の紫式部」、『紫式部とその時代』、角川書店、一九六六年

戸田芳実「北陸道と敦賀」、『歴史と古道』、人文書院、一九九二年

仁木宏・綿貫友子編『中世日本海の流通と港町』、清文堂出版、二〇一五年

長谷川政春ほか『新日本古典文学大系』二四、岩波書店、一九八九年

濱修「近江と琵琶湖」、鈴木靖民・吉村武彦・加藤友康『古代山国の交通と社会』、八木書店、二〇一三年

水野章二「中世の風害と気候変動」、伊藤啓介・田村憲美・水野章二編『気候変動と中世社会』、臨川書店、近刊

水野章二「中世の風と環境」、島根県古代文化センター『前近代島根県域における環境と人間』、島根県、二〇二〇年

第一章　発掘された塩津港遺跡

横田　洋三

一、港

見つかった港

琵琶湖の最北端にある港が塩津港である。言い換えれば日本海（敦賀）に最も近い位置にある琵琶湖の港である。塩津から敦賀まで直線距離で約二〇キロ、峠はさほど高くない。塩津港は北陸と京を琵琶湖水運で結ぶのに必須《ひっす》の港として設けられたのである。

しかし、塩津が港を作るのに適した地形条件を必ずしも備えているわけではない。塩津は南北に流れる大川の下流に形成された小さな平野の南端部にある。南北に細長い湾の奥に位置し東西は急峻《きゅうしゅん》な山が迫る。比較的波静かなところであるが、北風、南風ともよく通るところである。

古代の港は入江や潟湖など自然の地形を利用して設けられた。琵琶湖の港も同じで、その多くは内湖（琵琶湖における潟湖）を利用している。しかし、塩津には港として利用できる内湖は存在していない。大川も流れは小さく船を遡らせるだけの十分な水量はない。

現在もその面影を残す江戸時代の塩津港は大川の旧河道である大坪川を浚渫《しゅんせつ》して港としたもので、川の途中には船の回転場も設けていた。塩津街道と港は平行し南北に七〇〇メートルと細長い港町を形成していたのである。旧河道を利用した港のため浚渫はつねに必要であったようで、明治初頭の地籍図には大坪川河口に砂置き場の島が描かれている。

古代・中世の塩津港を江戸時代の塩津港の痕跡から見出すことができそうであるが、これが困難なのである。長期的な水位の変化から琵琶湖湖岸は変動しており、塩津港もまた同じ影響下にある。琵琶湖西岸では古い港である勝野津や木津が水位変動により衰退や移動を余儀なくされている。この水位の変化にともなう湖岸の変位を読み取り、大川による中世以降の土砂堆積（神社検出箇所で一・五メートル）を取り除けば、古代・中世の塩津の地形が復元できるのであろうがこれは容易ではない。古代・中世の塩津港はその位置も様子も推測の域を出ない状態だったのである。

そんな中、二〇一二〜二〇一五年にかけて国道八号バイパス工事関連の発掘調査が塩津港遺跡で行われた。調査したのは現在の塩津浜の集落の南端部で、調査区の一部は琵琶湖に突き出している。この場所は江戸時代後期に琵琶湖を埋め立てて造られた場所である。

よって、調査では江戸時代の埋め立て土約三メートルを除去したところで旧湖底が露出するものと予想された。予想どおり、旧湖底が露出し、かつては湖中であったことを確認したが、予想に反してその下層から古い塩津港が顔を出したのである。

築かれた港

見つかった港は埋め立て造成で作られたものだった。地形的には必ずしも港に適しているとはいえない塩津に港を設けるのにとった手段は「埋め立て」だったのである。

隣接する四か所に調査区を設けて調査を実施したが、そのすべてが一二世紀に埋め立てられて陸化されたところであった。つまり埋め立て前はすべて湖中だった場所である。最も古い埋め立て工事が確認されたのは調査区の中で最も北で、最も陸側の地点である。この地点の陸化が始まったのが一二世紀の初頭である。この場所もまた埋め立て前は湖底であるところから、さらに遡る一一世紀代には埋め立て造成による港作りが始まり、一二世紀になってこの地点まで拡張されてきたと理解すればよいのであろう。

上層の江戸時代の埋め立て工事が湖岸に高さ三メートルほどの石垣を設けて土砂と石材を投入し一気に埋め立てていたのに対して、一二世紀の造成は様相が異なる。造成工事の単位が小さいのである。杭など木材を多用した小さな単位の工事を繰り返し、積み重ねて築いているのである。造成され、施設が設けられ、壊され、嵩《かさ》上げされ、区画し直され、拡張され、また施設が設けられ、と短い期間に工事を何度も繰り返し積み重ねているのである。

発掘調査はこれらの順をできる限りたどり、遡って行うことに努めたが、困難を極めるものであった。前に築かれた構築物が次の工事で壊され、埋め殺しにされることは普通に行われ、短い時間で港の形状はめまぐるしく変化していたのである。調査面数は一五面に及んだが、実際には港の姿は日々変わっていたと言ってよいほど何面も積層していたのである。

港の主な形状を造った工事は一二世紀中に行われている。この結果わずか一〇〇年足らずの間に塩津の港は大きく様変わりしている。調査区内だけでも湖岸は四〇メートル前進し、地面は二・五メートル嵩上げされ船の着岸施設や建物が次々と作られたのである。

調査を行った面積は四地点の合計で八六七平方メートルと当時の港のごく一部である。調査地点の関係から琵琶湖湖岸の様子しか調査できなかったが、調査地点のすぐ西は大川が流れ込む水域であると観察され、琵琶湖湖岸と川との角地、港としては要となる場所を調査したことになる。

当時の工事の内容は、土砂を入れて陸化する。垂直護岸を築いて船の接岸を可能にする。道を設ける。建物を建て水路や桟橋を設けるなどである。港を造成するという目的だけでなく陸地の拡張も目的の一つにあげられる。山と川に挟まれた狭小な塩津に人々が溢れていた様子は容易に想像でき、実際に出土する遺物からもその様子がうかがえる。

さまざまな工法

当時の船を接岸させることが可能な高さ一メートル程度の垂直護岸を築いている。その護岸の構築に用いたのが「シガラミ」「高密度杭列」「斜交薄板」などの工法である。一辺五～一〇メートルの方形の埋立地を設定し「捨て砂」「敷粗朶《しきそだ》」で埋立地の地盤を固め、そして外郭に上記の木製護岸を廻らせている。外郭の裏込めにやや大型の石材、場所によっては大きな伐採木を入れ、内部に「土砂／ゴミ」を投入し、上面に径二〇センチ内外の石材を敷き詰め、最上面を粘土や良質の土で覆って仕上げる。これで一つの埋め立て造成の終了である。

「シガラミ」は最も多用されている工法である（写真1－1／図1－1）。四〇から五〇センチ間隔に打たれた杭に枝や蔓を交互に絡め垂直面を築いている。接岸護岸や琵琶湖から直接波を受ける場所は二から五重のシガラミが設けられ、シガラミ間には粗朶が充填《じゅうてん》された。かなり強固な護岸も築けたと考えられ、高さ一メートル程度の垂直護岸が想定できる。これとは別に簡易な護岸や基壇にもシガラミの工法が用いられている。シガラミは最も多用された工法である。

「高密度杭列」は長さ一五〇センチ以上、直径一〇センチ弱の杭を五〇センチほどの幅で帯状に隙間なく打ち込んで護岸としたものである（写真1―2／図1―2）。外側の高い場所に傾倒を防ぐための胴木が取り付けられていた様子も残る。やはり一メートル程度の垂直護岸を築き、船の接岸を可能とした。裏込めには大型の石材のみならず、大型の伐採木も投入されていた。

「斜交薄板」は幅一〇センチ、厚さ一センチ弱の薄板を斜めに数枚を重ね合わせて護岸材としたものである（写真1―3／図1―3）。約二メートル間隔に杭が打たれ、上部を胴木でつないでいる。「菱垣《ひがき》」と似るが、菱垣が編まれたものであるのに対して、斜交薄板は薄板を斜交させて重ねているだけである。必要な強度に応じて枚数を増やすことができ合理的である。やはり一メートル程度の垂直護岸を築けたものである。高密度杭列と斜交薄板が連続する護岸で使われている場所がある。両工法が同じ目的で築かれていたことになり、双方が同程度の規模・強度を期待して築かれたものと理解できる。

この他にも「横矢板」や「乱杭」などの工法もみられる。

これらの工法はいずれも木を造成区画の外装に使ったものである。石垣は検出されていない。一二世紀の塩津港には石垣は築かれなかったのである。護岸の裏込めには大型の石材も多用しているのであるが、石材を表面に築くことがないのである。理由の一つとして塩津で身近に採取できる石材がチャートであることが考えられる。この地のチャートは固

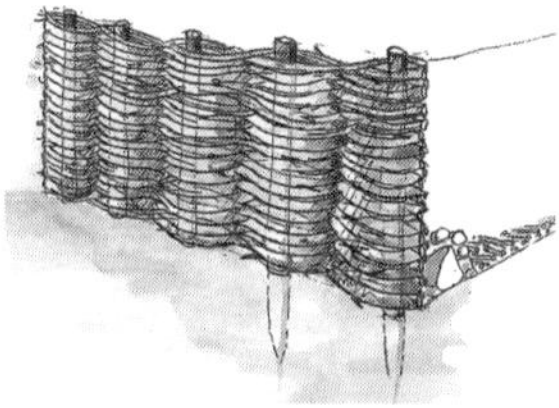

写真1－1／図1－1　シガラミ

数十cm間隔に杭を打ち、細枝などを交互に絡ませる。高さ１ｍほどの垂直護岸も築いた。場所によっては二重、三重に設置した。

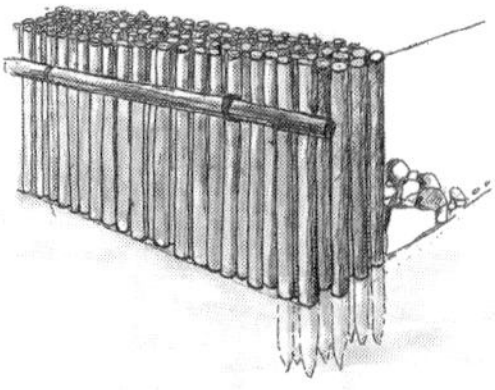

写真1－2／図1－2　高密度杭列

直径10cm弱の杭を隙間なく帯状に打ち込んだ護岸。高さ１ｍほどの垂直護岸を築いた。

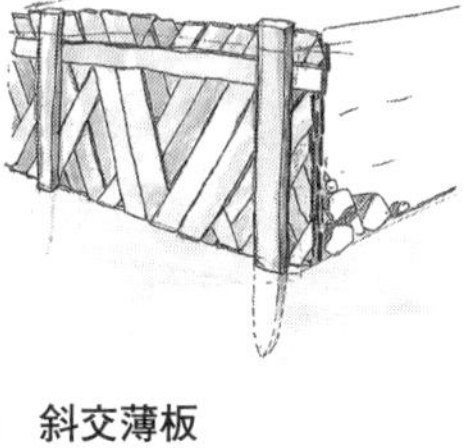

写真1－3／図1－3　斜交薄板

厚さ１cmたらずの薄板を斜めに数枚重ね合わせた。高さ１ｍほどの垂直護岸を築いた。

い が脆く鋭角な角を多く持ち、石垣を築きにくい石である。別な理由として固い石製の護岸は接岸する船にダメージを与える、などが考えられるが本意は不明である。

道から始まる町つくり

南北方向の道を検出した。以後、塩津港の造成工事はこの道を基軸として行われた。一二世紀の早い段階で琵琶湖と大川の河口の角地に琵琶湖に突き出す突堤のような道が設置された。シガラミで両側を護岸し、内側に一抱えもある大きな石材を並べ内部に良質な土砂を充填し、上面を細かい礫《れき》で舗装した幅三・五メートルの道である。丁寧に突き固められており、実際歩いてみても他所とは違う硬質感がある。

現在の塩津街道はこの道より一〇〇メートルほど東を通り、琵琶湖に突き当たっている。突き当りはかつて大津への定期航路のあった太湖《たいこ》汽船の船着き場である。一二世紀の塩津の町に複数の南北道が通っていた可能性があるが、検出した道は敦賀に通じているに違いなく、塩津道と呼んで問題はないであろう（写真1—4）。

港はこの道を基軸として東西にそして南（琵琶湖側）に拡張していった。まず手を付けられたのが道の東側の区画である。道との間に幅一メートルの側溝を設けて築かれたこの区画は円礫・粘土を交互に突き固めたもので、丁寧なものである。ただこの区画も一〇年もたたないうちに行われた次の工事で埋められ、嵩上げされ南に拡張していく。一時期、調査区の中で最も広い区画となり東西一七メートル、南北二七メートル以上を測る規模となる。区画の東側は幅二・五メートルの水路でこれは舟入の可能性が高い。西に道路、東に舟入、南が琵琶湖という区画である。琵琶湖に面するところは一七メートルにわたる高密度杭列の直線護岸で、船を横付けできる。一か所を一・七メートル幅で欠き、一段下がって横木を置いている。水位変化に応じるための昇降口であろう。東西面は高密度杭列と斜

写真1－4　塩津道南端部と高密度杭列護岸

写真左手前に見えるのが旧塩津道の南端部である。街道の南端部は石が張られ傾斜護岸としている。小さな船は引き上げることができたのであろう。右は高密度杭列でここには大きな船が着岸できた。しかし、この場所も12世紀中には埋め立てられ全面を陸化させている。

写真1－5　中心区画の建物

板壁の裾が残った建物を検出した。薄板（ヘギ板）を縦方向に並べるか、斜方向に重ねた板壁で、柱とは胴木を介して釘で打ち付け、裾は地面に埋め込んでいる。柱は掘立柱と土台の上に置くものとを混用した建物である。

交薄板の垂直面であり、ここにも船が接岸できた。道に面するところは太い柱を立てて塀を築いた。塀は一部途切れ、溝には橋が架けられている。ここが施設の入り口となる。この区画が塩津港の中核の一つとなっていたのは間違いないであろう（写真1—5）。

密集する建物

中心区画の中が整然としているわけではない。薄板を関板にして土砂を投入した基壇が複数築かれ、その上に建物が隙間なく建てられている。おおむね一辺三〜五メートルの規模の建物が密集しているのである。ただ、掘立柱は検出するのではあるが、建物の平面形を構成できるだけの柱を並んで検出していない。柱がまったく検出されない建物もある。建物と判断したのは外壁材の薄板の裾が残っていたり、整然とした張り床が見つかったりするからである。これらの情報から建物は土台と掘立柱を混在させた構造で薄板壁のものが復元される。粘土を張り床にした土間にはカマドが設置されていた様子もうかがわれる（写真1—6）。砂利敷きの場所は床が張られていたのであろう。また、傷んだ板壁の裾部分を掘り直し取り換えている様子も観察された。これら建物が次々と建てられ、増築され、修理され、そして立て替えられていくのである。倉庫でもなく、事務所でもない、小規模な建物が混然と密集している状態である。

中心区画も一二世紀の後半には高密度杭列の前に七メートル四方の比較的小さな埋め立て区画を設けて拡張され、その上にほぼ一杯の大きさの土台建物が建てられる（写真1—7）。

写真1－６　粘土張床の建物

外壁と考えられるラインが直線で段を作っている。丁寧に水平面を出した粘土床は綺麗である。手前の黒く変色している部分はカマドであったと考えられ、その向こうに壁も見える。掘立柱は１本も確認できないところから、土台建物となる。

写真1－７　張り出し区画

高密度杭列の前面に作られた区画。シガラミで周囲が区画され裏込めに石材が入れられている。この区画の造成で、高密度杭列の岸壁には船は着岸できなくなっている。

写真1－８　桟橋跡

幅1.2mほどの突出部がシガラミで作られている。桟橋の取り付け部と考える。

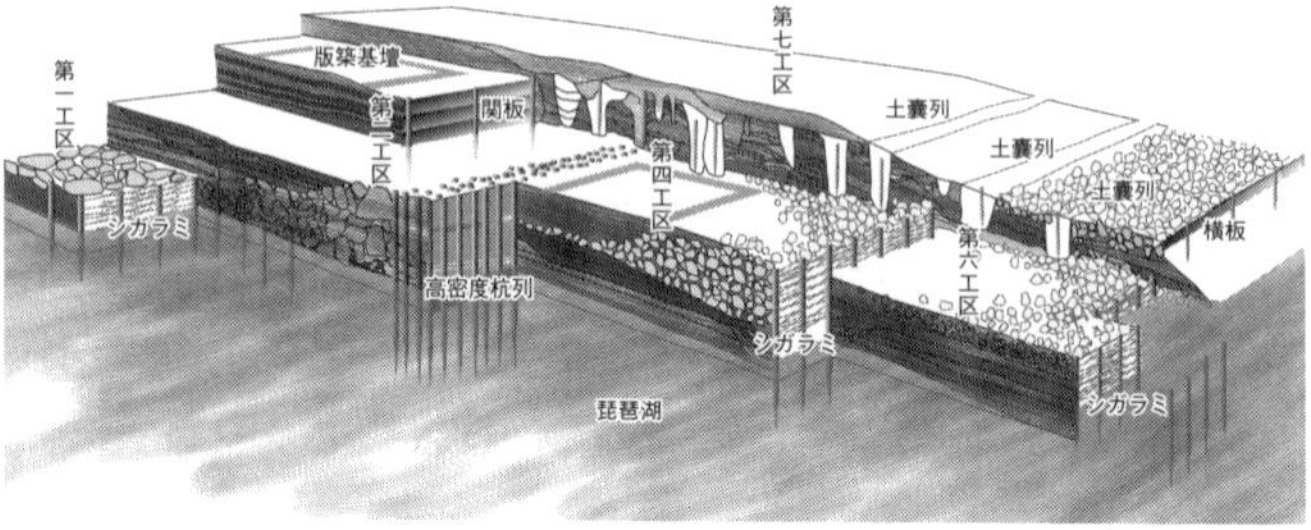

図1－4　湖岸の造成模式図

この存続期間も長くはなく、ほどなくして、全体が南側に拡張され拡張区画も水路も埋められ、琵琶湖に接する面は多重シガラミで護岸される。

南端部には幅一・二メートルのシガラミ護岸の突出部が作られ、さらに前方の湖中には杭が打ち込まれている。これは桟橋の付け根部分であろう(写真1―8)。

最後の大規模埋め立て（復旧工事）

一二世紀末に港の形状は大きく変わる。南側一帯が六〇センチ嵩上げされるのである。琵琶湖との接触面は横矢板で低く護岸し礫を敷き詰めた傾斜護岸となる。この護岸は琵琶湖水面と段差があり船を引き上げるためのものではない。垂直護岸はなく、船の接岸を行うには他の場所を求めるしかない。

この時に行われた埋め立て嵩上げ工事の土層断面を見ると幅四〇センチ、深さ六〇センチほどの深い溝状の遺構が湖岸に平行して二メートルピッチで数条走っているのである。土質が砂であり、一部オーバーハングしているところもあるところから、解放した溝として存在できるものではない。現時点ではこれは土囊《どのう》を帯状に積み上げ、杭で粗く打ち止め、間に土を充填した工事の痕跡と考えている。土囊列による埋め立て工事である。この工事が観察されたのは最も琵琶湖に突き出した調査区の南側のみである。湖岸にのみ行われた工事である。

この工事によって湖岸近くは全体に土砂を投入し、一気に六〇センチ以上嵩上げをしたことになる。これは小さな区画で工事を積み重ねてきたこれまでの工事状況とは様子が異なる。

元暦二年（一一八五）に琵琶湖で大地震が発生している。このとき塩津一帯は沈下し、神社は水没したものと考えられる。港も同じく沈下し大きな被害を被ったと考えられる。そして地震後に行ったのが当工事と判断される。当工事は地震後の復旧工事と考えられるのである。

当工事以降、湖岸で本格的な造成工事は行われていない。山側に嵩上げが見られるが湖岸の形状は変わることがなかった。船が着岸する港の中心部からは外れていったのである。ただ、港の中心から大きく外れたわけではない。一三世紀代の遺物はまだ大量に出土し、井戸も掘られている。しかし、基壇を持つような建物は建てられなくなる。以後、一四世紀には急速に遺物量が減り、活動は終息していく。井戸は一四世紀にも掘られ、まだ、水没している様子はないが、港の中心からは大きく外れ、物資を積んだ船が近くに着岸することはなくなったのであろう。以後水没し湖底に沈んでいく。

二、塩津の町

調査で大量の遺物が出土した。局所的ではあるが当時の京都の中心部での調査で出土する遺物の量を時間と面積単位で比べてみると、塩津が大きく上回る。埋め立て造成地が一時的にゴミ捨て場となっていたことも否めないが、当時の塩津の活況を直接表しているのであろう。

木材の加工場

出土した遺物で最も多いのは木の切削屑《せっさくくず》である。オガ屑、ヤリガンナ屑、チョウナ屑などである。いずれも製材時に出る木屑であるがこれらは燃料ともなるものである。そのオガ屑やチョウナ屑が場所によっては埋め立て材として六〇センチもの厚さで堆積し、土をまったく含んでいない所もある。これらが捨てられたのは、燃料としての需要よりも発生するゴミのほうがはるかに多かったからである。

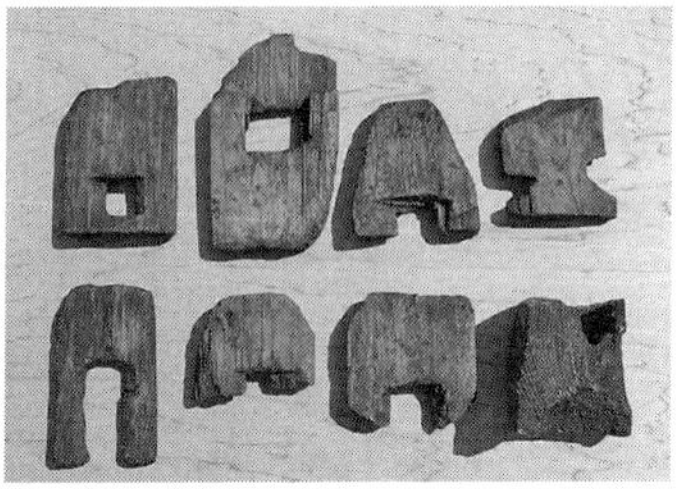
写真1－9　鼻繰り

大量の木の切削屑は塩津に木材の加工所が存在していたことを示している。木材を筏《いかだ》に組むときに端部に穴（鼻繰《はなぐ》り）が開けられるが、この部分は運搬が不要になった段階で切り捨てられる（山での伐採は斧《おの》で行うが、鼻繰りの切り落としはノコギリで切断する）。この切り捨てられた鼻繰りが数百点出土した（写真1―9）。塩津が木材の終着点であったことを示すものである。その量は塩津で消費する木材の量をはるかに超えていると考えられる。よって、塩津に木材を最終利用の形態に加工する木材加工場が存在していたと想定できる。

当時、流通材の規格として「榑《くれ》」がある。これは鎌倉時代では断面が一五センチ×九センチ程度の角材である。塩津の鼻繰りから測定できる材の断面は一〇～一二センチ×三～四センチで規格材である榑よりもかなり小さく薄い。この規格外の材をもとに加工されたのが薄板（ヘギ板）と考えられる。塩津で多数出土した薄い板（厚さ一センチ程度、幅一〇～一二センチ、長さ三メートルまで）がこれに相当する。この板は、護岸材・関板・建物の壁材、屋根材・井戸枠そして起請文木札まで、ありとあらゆる用途に使われたのである。当時最も汎用《はんよう》性の高かった製材木である。特に面材として重宝されたものである。

絵巻（春日権現験記絵《かすがごんげんげんきえ》）には建築現場の横で腰刀と横槌《よこづち》を使ってヘギ板を作り、横には出来上がった板をサーカスのように頭に乗せて運ぼうとしている様子が描かれている。ヘギ板は筏に組むことはできず、運びにくいため現場で製作するのが一般的だったのであろう。しかし塩津では、塩津で消費する以上のヘギ板が作られていた。塩津には船がある。運搬には困らなかったのである。ヘギ板が塩津では船という運搬手段を得て流通商品の地位を得ていたと考えられるのである。

木の切削屑を埋立地に大量に入れたために起こった弊害が当然のように起きている。打ち込まれた杭や垂直に築かれた斜交薄板がものの見事に「Z」字型に曲がっているのである（写真1—10）。圧密沈下が起きているのである。木屑を大量に入れた地層が数十センチ縮んで沈下したのである。堅い樫《かし》の木の杭が曲がっているので、木が軟質化してから、実際には港が機能しなくなってから起きた現象であろうが、耐久性を考えない即物的な港作りを見ることができる。

人が溜まる場所

簡易なシガラミと大量の切削屑の投入で築かれた地区がある。塩津道より西側の調査区である。ここの造成には石材の投入がほとんど見られず、埋め立て区画や基壇の外郭はシガラミで整形は丁寧さを欠き、大きな船が横付けできる垂直護岸を持たない。東側の中心区画と比較すると、その作りは簡素なのである。

作りの違いは機能の違いとみてとれる。この地区には六基の井戸が掘られている。井戸が多いのはここに滞留する人間の多さを示しているのであろう。大型船が着岸できない、運送業務には直接関係しないこの場所に人が集まるのは、飲食や遊興の場となっていたのではと考えられる。簡易な宿や仮設を前提とした市が立っていてもよい。

塩津の港はただ雑然としていたのではなく、地区ごとに多様な役割を持つ都市様を呈していたのである。

写真1−10　Z字に曲がった杭群

大量の材木の切削屑で埋め立てたため、圧密沈下が起こり、杭はZ字型に曲がってしまっている。

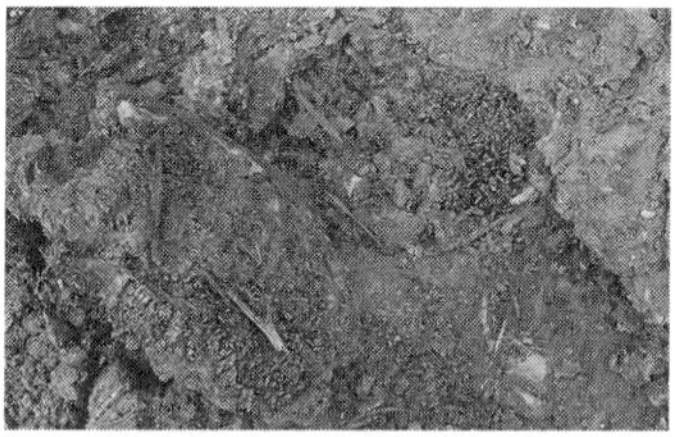

写真1−11　ギンバエの蛹

層をなして出土する所が何か所かあった。

写真1−12　箸の出土状況

場所によっては束になって出てきた。

井戸を全地区合わせて一七基検出した。調査地は琵琶湖の湖岸である。水の確保に苦労する場所ではない。なのに、なぜ井戸を掘る必要があったかは、水路や旧湖岸の堆積物に答えがあった。ハエの蛹《さなぎ》が大量に出土したのである（写真1―11）。当然のようにゴミや排泄物は水路や琵琶湖に捨てられていたのであろう。ウジが湧きメタンガスが湧く状況は容易に想像できるのである。清水を得るには井戸を掘るしかなかったのである。これは人の多さを直接示し、繁栄を表しているともいえるのであろう。

一七基掘られた井戸

人の多さは箸《はし》の出土量にもうかがえる。数万本もの箸が出土した（写真1―12）。両端をやや細くした「利休箸」という形状の箸であるが、大量に捨てられているのである。労働者の多さを飲食量として箸が示しているのであろう。当然のように外食業が存在し、そこで使われた箸は使い捨てに近いものだったのであろう。使い捨てた箸もまた燃料に最適なのであるが、それ以上の箸が使われ捨てられていたのである。

夜も眠らない町

箸と同じぐらい大量に出てきたのが松明《たいまつ》である（写真1―13）。長さ一〇〜二〇センチほどに短くなった松明の燃え残りがやはり数万本出てきた。太さ一・五センチほどの細い棒で、片側が燃えて炭化している。松明はただ細い棒や枝をまとめて燃やしたものではない。製材時に出た端材を加工した

写真１-13　松明片

写真１-14　「年中行事絵巻」に描かれた松明
使い終わった松明片が足元に捨てられている。

ものでもない。松明用に特別に成型した細材である。材料は檜《ひのき》の枝である。檜は建築材などとして利用価値の高い木であるが、その枝は細く湾曲しており利用価値はほとんどない。しかし、湾曲した細枝を腰刀などを使って太さ一・五センチほどの細長い棒に粗く成形し、さらに真っすぐにできるように斜めに切れ目を入れて形を整え、七〇センチほどの長さにしたものである。これを六、七本束ねて軽く紐《ひも》で螺旋《らせん》に巻いて縛り松明としたのである。

松明片として出土したものは、もっぱらこの檜の枝の加工品である。本来は捨てられるのであろう檜の枝を有効利用しているのである。もの余りの塩津では考えられないエコである。むろんこれは他所、おそらくは原木の伐採地の近くで加工されたものが消費地、塩津に運ばれてきたのであろう。燃え残りは箸と同様、燃料とされることなく捨てられたのである。

松明の使用風景は絵巻に多く描かれている。年中行事絵巻には外で松明を掲げる人に次の新しい松明を差し出す付き人が描かれている（写真1−14）。そして、その足元にはまさしく出土したのと同じ状態の松明の燃え残りが描かれている。むろんこれは夜の場面である。同じ場面に宴席につく貴人のいる御殿が描かれている。壁は省略されて描かれているが、こちらは屋内である。屋内で松明を焚《た》くことはできない。そこで照明として柱に灯明《とうみょう》がともされている。屋外は松明、屋内は灯明皿に油を入れて火をともす灯明が使われているのである。絵巻では灯明皿を柱に打ち込んだ「金輪」に乗せている様子が描かれている。

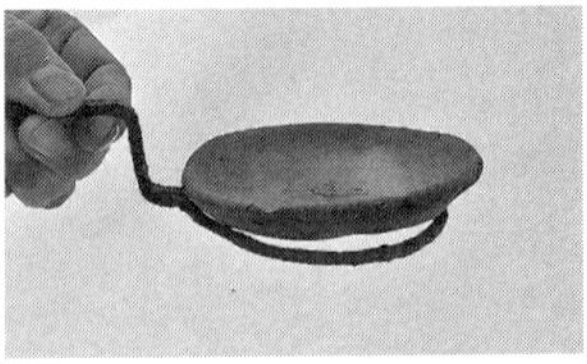

写真1−15　金輪

土師器皿の小皿がちょうど乗る大きさの金輪である。小皿に油を入れ、芯を立て灯明とした。使用した土師器皿の縁には黒いタールが付着し、灯明皿として使った痕跡が残る。

　高価な油を燃料とする灯明はもっぱら寺社や御殿で使われたものであるが、塩津ではこの金輪が数点出土し、灯明痕のついた小皿が多数出土している（写真1−15）。塩津港は、外は松明で照らし、屋内は灯明で照らす夜も眠らない街だったのである。

もの余り

　捨てられていたものの中にまだ使えるものが多く含まれている。墓などに埋納されたものの中に破損のない遺物が納められたりしていることがあるが、塩津港遺跡にはこのような遺構はない。ゴミ捨て穴も検出されていないのである。

塩津では不要になったものはまだ使えるものであっても水路や埋立地に捨てられたのである。完品の土器や鉄鍋《てつなべ》が杭の間に引っかかっているのである。当時の成人男性が身だしなみとして身に着けていた腰刀も一〇〇本近く出土した。中には鞘《さや》に入ったままの状態のものが水路などから出てくるのである。人があふれ、物があふれ町は喧騒《けんそう》としていただろう。漆皿や漆刷毛《はけ》は塗師を、ヤットコや羽口《はぐち》は鍛冶師《かじし》を、骨製品の未成品や骨素材は細工師を、大量の材木の切削屑は製材所を、船釘の束は造船所を、遺物は運送に直接かかわる人だけでなくさまざまな職種の人々の存在を示している。塩津は単なる積み替え港ではなく、都市の体裁をなしていたのである。

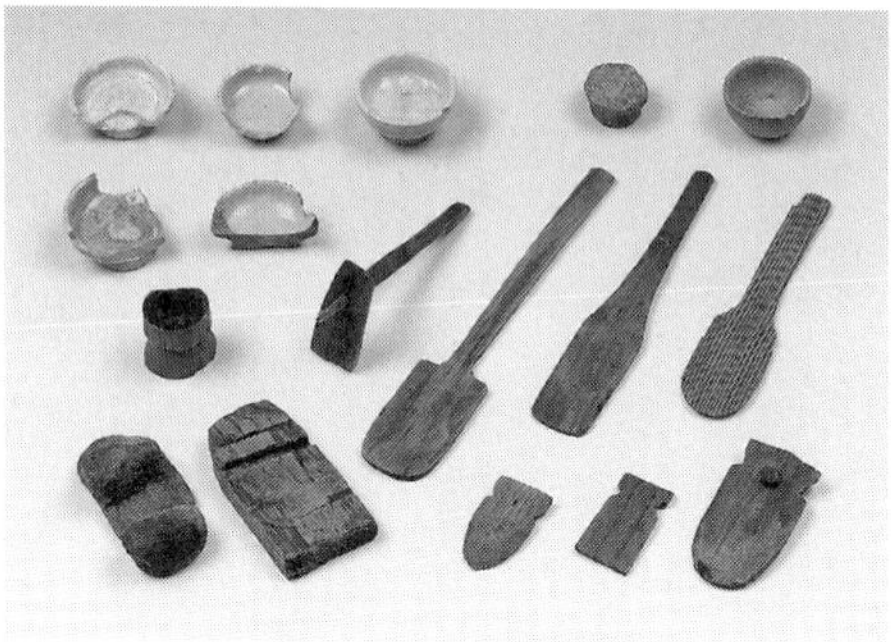

写真1-16　ミニチュア

どれもみんな指の上に乗るようなミニチュアである。白磁・須恵器・鹿角・滑石・木と材質はさまざまである。当時の婦女子が楽しそうに少しずつコレクションし遊んでいた様子がうかがえる。

塩津の人々の生活と風俗

遺物の中にはいわゆる高級品が含まれる。輸入陶磁器の多さも目に付く。青白磁《せいはくじ》の精緻な作りの器もあれば、人形やミニチュアもある(写真1−16)。ミニチュアは直径三センチほどの白磁の小さな器などであるが、これらは祭祀《さいし》用具ではない。中国製の白磁のミニチュア椀《わん》は中国では俑《よう》などとともに墓に納められたものであるが、日本にはそのような風習はない。日本に来た時点でコレクション色の強い玩具となったのである。

塩津の人が収集したミニチュアコレクションには日本製のものが加わり、須恵器《すえき》の椀、鹿角製の臼《うす》、滑石《かっせき》製の机、木製の鍬《くわ》や下駄と、あらゆる素材でバリエーションを増やしたのである。どれもみんな指の上に乗る小さなミニチュアはいかにも婦女子が好みそうな品々である。労働者だけではない。生活に余裕のある豊かな人も塩津を賑わせていたのである。

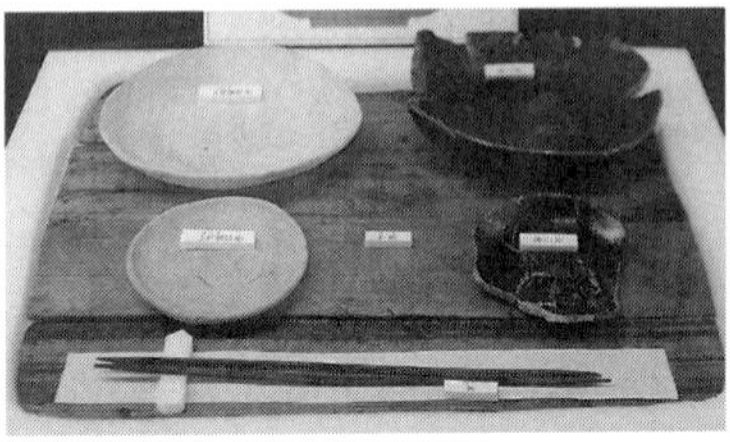
写真1-17　京都風の食卓

京都風の生活

当時、最もよく使用された供膳具《きょうぜんぐ》は土師器皿《はじきざら》である。中でも手捏《てづく》ねの素焼きの土師器皿は京都を中心に分布し、京都で作られたものや京都風に作られたものが「京都系土師器皿」と呼ばれる。塩津で出土する土師器皿のほとんどがこの京都系土師器皿である。

食卓ではこの土師器皿に椀がセットとなる。セットとなる椀は地域によって異なり、滋賀では一般的に近江型黒色土器と呼ばれる黒く着色された（炭素を吸着させている）素焼きの土器椀となる。

しかし、塩津ではこの黒い土器椀はほとんど出土しない。「近江型黒色土器」や「瓦器」と呼ばれる黒く着色された素焼きの土器椀は漆塗りの木椀の疑似製品である。いわば偽物である。塩津で偽物の出土量が少ないのは、本物の塗椀が大量に出土するからである。京都も同じである。

塩津は食事の風景を見ても本物志向、京都風なのである（写真1—17）。

常滑焼大甕の登場

一二世紀の中頃から目立って多くなる遺物に「常滑《とこなめ》焼の大甕《おおがめ》」がある。一二世紀の初めから出土するのであるが、一二世紀の中葉以降は出土土器量の半数以上を占めるようになる。知多半島で作られ始めた焼き締め陶の大甕である。その常滑焼の大甕が出現期から大量に出土する（写真1—18）。

写真1-18　常滑焼の大甕
液体を長期保管できた画期的な容器。地中に多数並べて埋められた大甕の施設が越前の一乗谷遺跡、滋賀の敏満寺遺跡、和歌山の根来寺などで検出されている。酒屋・染物屋・油屋などが想定されている。塩津港遺跡ではさらに船を使って「運ぶ」が加わり、液体を流通商品として取り扱えるようにした。

これは需要と供給の状態を直接現していると考えられる。ただ、甕自体が流通品として塩津を通過して北陸方面に運ばれた状態を示していると仮定しても、北陸にそれだけの消費力を見いだせない。京都に運ぶのに塩津を通過させる必要はない。最も有力な仮説は常滑焼の大甕の出現により液体を大量に扱えるようになり、液体を商品として取り扱うことができるようになったとの考えである。

常滑焼は焼き締め陶である。大量の液体を長期間保存しておくことのできる容器である。これまでに存在した須恵質の大甕はじんわりと液漏れする。液漏れしない結桶《ゆいおけ》が普及するのは室町時代以降である。常滑焼の大甕はこれまでには存在しなかった液漏れしない画期的な容器だったのである。常滑焼の容器の登場は大量の液体を加工、保管、そして流通商品として扱うことをできるようにしたのである。

ただ、中身の入った大甕は重く陸送できるものではない。運び得たのは「船」である。琵琶湖水運と容器が一体となって液体を流通商品としていったと考えられるのである。

流通した液体は不明である。酒、油などが想定できるが、酒は基本的に地産地消である。最も有力なのは灯明用の油である。照明に欠かせない灯明油は、以後大きな権益を生む商品となっていく。ただ、大山崎油座を掌握していた石清水八幡宮の記録では油の原料として荏胡麻《えごま》の仕入れが記されている。そこには油を液体の状態で仕入れていた様子はみられない。塩津では油を搾り、液体の状態にして流通させていたと捉えたい。

三、船

琵琶湖水運を担ったのはもちろん船である。琵琶湖は湖であるが、その水面は広く、航行する船には十分な性能が求められた。丸木舟に始まる琵琶湖の船の歴史は、弥生時代には丸木舟の上に板を継ぎ足した「準構造船」へと進化する。琵琶湖にはこの準構造船が日本でも早く取り入れられ、小型船までが準構造船化していく。古くから琵琶湖の航行は重要であり船には高い性能が求められたのである。しかし奈良、平安時代となると、日本の船は検討できる資料がほとんどなく研究は進んでいない。琵琶湖の船もよくわからないのである。そんななか、塩津港遺跡の調査で船の資料が出土した（写真1−19）。

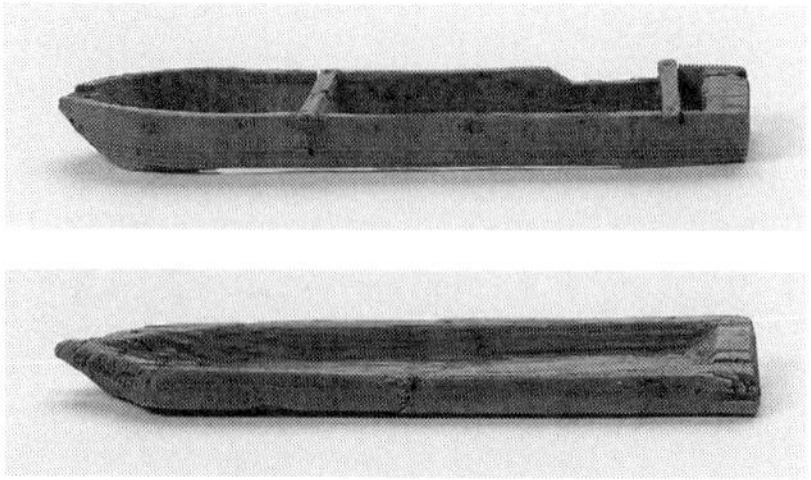

写真１-19　船の模型

作りに差があるが２艘とも同じ船をモチーフにしたものである。モチーフとなった船は当時琵琶湖水運を担った塩津船であり、丸子船の先祖となる船である。

船模型の出土

神社の堀から船の模型が出土した。南堀から出土した船（一二世紀）は、長さ一七・五センチの小さな模型である。あまり特徴がない船のように見えるが、琵琶湖の船の特徴を備えたものであった。模型は当時の琵琶湖の船をモデルに製作されたものである。船の模型はその後、港の調査区からも次々と出土した。大きさや作りに差があるがやはり同じ特徴を持っている。

模型の船の特徴としてまず、上から見て両舷《げんそく》側が直線的で膨らみを持たず、ある地点から屈曲点をもって舳先《へさき》が絞られていることがあげられる。この特徴が琵琶湖の「ヘイタ作りの船」に通じるのである。昭和まで活躍した琵琶湖輸送の主力船は「丸子船」である。この船がヘイタ作りなのである。江戸時代に行われた丸子船の隻数の調査では琵琶湖の総数一一七七隻で、そのうち塩津が一二五隻を占め、大津の七八隻を上回っていた船である。

一般的な和船は板を曲げて組み合わせる。薄板を曲げることにより内部応力を発生させ、船釘を使って接ぎ合わせ固定し強度を得ているのである。竜骨はなく、外壁だけで作られ、モノコック構造に近い。板を大きく曲げるため、船形は上から見ると、舷側は緩やかにカーブして先端で合わさっている。これに対して丸子船は上から見ると両舷側は平行して細長く、船首部分だけがカーブを描いて絞り込まれている。これが船首部分を、板を斜めに剥《は》ぎ合わせて作るヘイタ作り独特の形状なのである。よって、出土した模型はヘイタ造りの船と考えられる。つまり丸子船の祖型と考えられるのである。琵琶湖水運の主役であった丸子船は平安時代にはすでにその先祖が登場し、輸送の主役となっていたことがうかがえるのである。

実物船の出土

塩津道の側溝の橋に大きな板が使われていた。塀で囲まれた中心的建物の入り口に置かれた板である。一二世紀の中頃である。長さ二〇五センチ、幅五八センチ、厚さ一二センチを測る杉の厚板で、入り口には橋として数枚並べられていたようである。道が改修され溝幅が半減するときに板は外されたり半分に切られたりしたが、一枚と半分に切られた残りはそのまま埋め殺しとなっていたのである。

写真１-20　実物船出土状況

溝蓋に転用された形で船材が出土した。手前側の側面に「船釘」による接合痕が残る。

この溝蓋《みぞぶた》の残骸として残っていた板は、船を解体した材だった（写真１－20）。船を解体して適当な長さに切り、橋としていたのである。港町塩津ならではの船の再利用方法である。この板を船の残材と判断できたのは板の長辺近くに船釘を打ち込むための斜めに彫られた先掘穴が三か所残っていたからである。釘を使って板と板を突き合わせて強固に接合する船独特の技法で生じる傷跡である。そして側面の小口に残る船釘痕の断面形は長造船の実船資料として日本で最も古い資料となるものである。

方形である。断面長方形の釘も縫い釘として使われる船釘独特の形状である。板作りの構

船　釘

材を組み合わせて船を作る場合、材と材を接合する技術が問題となる。準構造船も古墳時代には丸木舟の船底材を複材構造とし、材を接ぎ合わせたものが登場する。縦に継ぎ長さを長くした「縦継ぎ船」、そして横に継いで幅を広くした「横継ぎ船」がある。この場合、接合される材は板ではなく、湾曲した部材同士である。接合される材そのものにある程度の硬性があり、接合面は二もしくは三次元の曲線を描く。この場合、突き合わせた状態である程度固定状態となり、縦継ぎは印籠《いんろう》継ぎ、横継ぎはダボ・イチョウ継ぎ、もしくは樹皮綴《と》じで接合することが可能である。

しかし、板同士の接合となると突き合わせただけでは自由に動き、前述の接合法では固定する強度が足りず船は成立しない。そこで必要となるのが「船釘」である。鉄製の釘の固定力が板作りの構造船を建造するのに必要なのである。

調査で鉄釘は数百本出土した。五センチから長いもので二〇センチ程度の長さの釘である。そのうちの半分が断面長方形で頭を九〇度折り曲げた形状のものである。この断面長方形の釘が船釘で縫い釘である。断面が長方形なのはある程度の曲線を描いて打ち込む必要があり、曲がる方向をコントロールするためである。残りの半分の釘は断面が正方形で、

これは一般的な建物釘である。大量の船釘の出土は塩津船が板作りの構造船であったことを裏付ける。

出土した釘は、上記の二種類のみである。船釘と考える断面長方形の釘は長さの違いのみで、形状は一種類のみとなる。現在残る和船には多数の種類の釘が使い分けられている。種類の少なさは「板作りの構造船」が製造され始めて間がないことを示しているのであろう。また、鉄は再生利用が容易で、リサイクルの優等生である。その鉄製品が釘に限らず大量に出土したのは、やはり塩津のモノ余りの状態を示している。

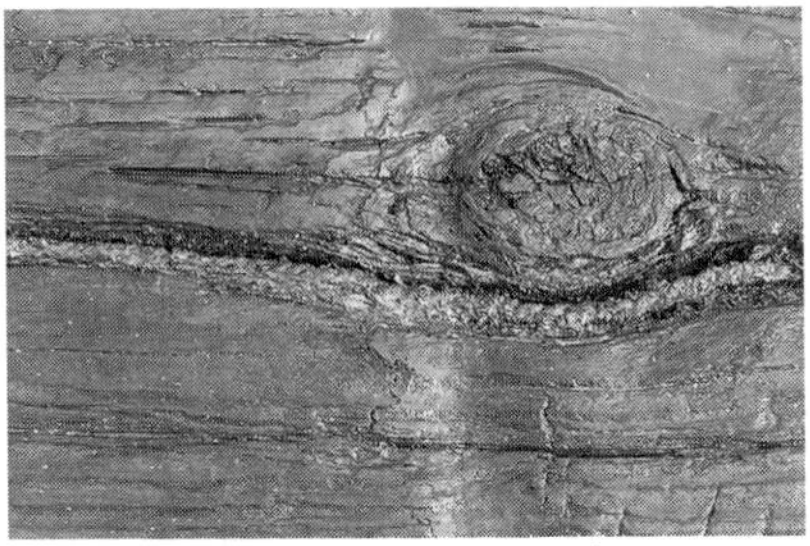

写真1-21　マキハダ

シーリング材

構造船を建造するのには船釘による接合が必須であるが、加えて接合部分のシーリング（隙間ふさぎ）も問題となる。止水技術が未熟であると構造船は成立しない。

先の溝蓋を取り上げるとき、現地で反転して担架の上に乗せたが、その時、板の裏面の中央に縦に大きくヒビが入っていることに気付いた。そして、このヒビの中に「マキハダ」が詰め込まれていたのである（写真1－21）。マキハダとは檜などの樹

写真1-22　塩津船の復元模型

長さ20m級として復元してみた。もちろん舳先はヘイタ造りであるが、その枚数は少なく丸みを持ったものにし、和漢船用集の「丸木舟」に近づけた。

皮を叩いて柔らかく繊維状にしたものを縄のように撚《よ》ったりして紐状にしたもので、シーリング材として木造船の建造や結桶の継ぎ目に使われたものである。

ヒビは船として使われていた時に生じたもので、ここから漏水していたのであろう。止水のためマキハダが詰め込まれていたのである。長さ一二〇センチ、直径一センチほどのマキハダである。本来の継ぎ目の位置に入れられていたシーリング材は船の解体とともに消失してしまうものであるが、ヒビ割れに詰め込まれたものとして奇跡的に残っていたのである。塩津船がシーリング技術も十分に備えていたことが確認できたのである。

板作りの構造船

模型船、実物船の資料から復元される一二世紀の塩津の船は「板作りの構造船」で「平底・ヘイタ造りの木造帆船」である。一二世紀の琵琶湖水運を担っていたのは従来言われていたような丸木舟が船体に残る準構造船ではなく、板作りの構造船で平

図1－5　和漢船用集「丸木舟」

丸子船は和漢船用集では「丸木舟」として収録されている。ヘイタ造りであることが確認できる。船首が丸みを帯び、帆柱が前よりなのが古式なところであろうか。

底の木造帆船だったのである（写真1―22）。大きさは推測の域を出ないが、後の丸子船の代表的な大きさ一〇〇石積み長さ一七メートルを参考に、同等のものか、さらに大きなものを考えればよいのであろうか（図1―5）。

いずれにせよ、その大きさは砂浜などに引き揚げて荷物の積み下ろしができるようなものではない。船を横付けできる垂直護岸や桟橋が必要となる船である。

発掘調査で検出された港施設と出土した船は、バランスの取れたものだったのである。

四、神社

神社遺構の調査

港が検出された地点からみて西に二五〇メートル、塩津平野を南北に流れる「大川」の河口で改修工事が計画され、これにともない発掘調査が行われた。港の地点の調査より遡ること六年前、二〇〇六年からのことである。この調査が塩津地域で初めて行われた本格的な発掘調査である。

本格的な調査の前に試掘調査を行ったのであるが、ここで小片となった土師器皿が大量に出てきた。しかし、調査を行った場所が堆積の著しい川の河口であり、さらに出てくる土器が小片なところから、これは上流から流れてきたものが再堆積したものではないかと疑われた。上流にある遺跡とはこの時点では位置が判明しておらず、言い伝えなどで上流に想定されていた古代中世の塩津港である。

ところが調査を進めていくと石敷の基壇や掘立柱が次々と見つかり、結果的にこれが神社遺構の発見となったのである。

琵琶湖に沈んでいた神社

見つかった神社は大川の河口に一一世紀後葉から一二世紀末まで存続した神社である。さらに下層にも八〜九世紀に存在した遺構があり、これもまた神社関係の遺構と考えられる。多くの崇敬を集めたと考えられる神社であるが一二世紀末に突如として廃絶する。以降、遺物をほとんど含まない土砂が約一・五メートルの厚さで覆いかぶさっている。

検出された神社の最終本殿の基壇の高さは標高八四・〇メートルである。現在の琵琶湖の基準水位が八四・三七メートルであるので、神社は湖中に沈んでしまっている状態である。

多くの人が参詣《さんけい》し、にぎわっていたはずの神社がわずか百数十年で廃絶したのは琵琶湖の水位変動に起因する。廃絶期に近い一一八五年に発生した元暦の大地震が大きく関与していると疑われる。地震の後、神社は水没し移設を余儀なくされたのである。

神社の建っていた遺構面の上に積もる層は江戸時代以降に堆積したものである。この地点に土砂をもたらすのは大川のみである。よって、堆積のない中世から近世にかけての五〇〇～六〇〇年間は大川の河口が当地点に土砂を堆積できないほど大きく後退していたことになる。江戸時代後期になってようやく当地に土砂が堆積するまで河口が前進してきたのである。明治時代初期の地籍図では調査地は葦原《あしはら》となっておりまだ水が浸かる状態であった。

発掘調査で神社遺構が検出されること自体、珍しいのであるが、長く湖中に沈んでいたため非常に良好な状態で当時の神社の様子をつかむことができたのである。建物や堀などの神社施設の様子のほか、神像、起請文木札、神殿部材などさまざまな遺物が良好な状態で出土し、多彩な情報をもたらすこととなったのである。

見つかった一一世紀の神社

大川の河口に形成された中州の上に神社が建てられたのは、一一世紀後葉のことである。約四五メートル四方を堀で囲み、本殿が置かれた。ほぼ平坦な地形であるが、本殿の場所が最も高く微高地となっている。

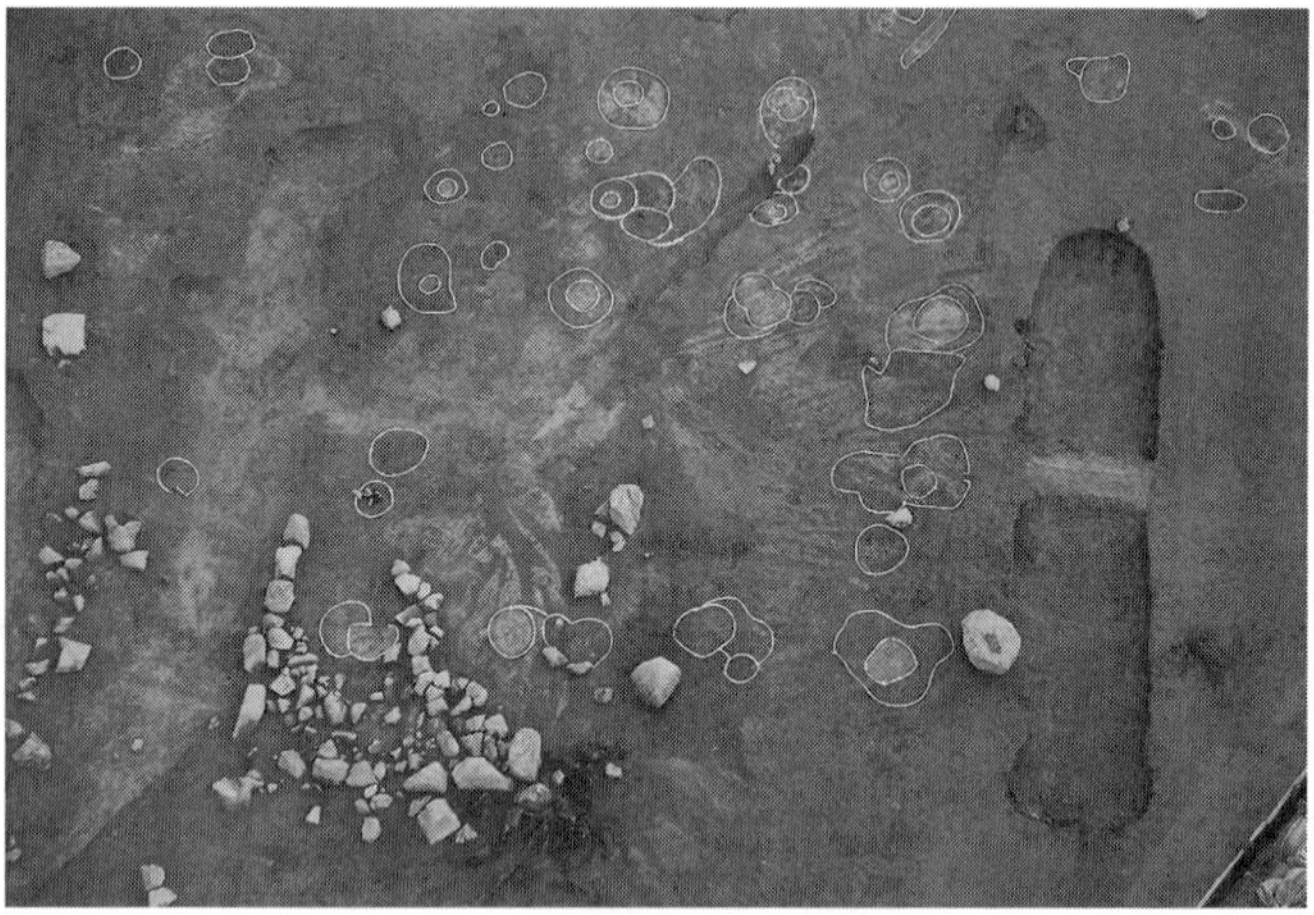

写真1-23　11世紀の神社本殿（北から）

南は琵琶湖に面し、北と西は湿地、東に大川が流れ、港町とは大川を介して隔てている（口絵8）。

本殿は、東西三間《けん》、南北二間の掘立柱の平入りの建物で、柱の芯々距離で東西四・七メートル、南北三・一メートルの規模を測る。南側には縁が付くのであろうか。階《きざはし》が掛けられた高床の平入り建物を想定する。本殿の東西には近接して比較的深い素掘りの溝が掘られている。本殿を囲う結界の一つと考えるが、完全には本殿を囲わず、北と南の辺は欠落する（写真1―23）。

拝殿に相当する遺構は検出されず、境内は本殿のみのシンプルなものであったと考えられる。

南側の堀は中央部で幅四メートルほど途切れている。ここが正面の入り口となる。南堀を渡り境内に入ってすぐのところで対になる掘立柱の掘形を検出した。これが当時の鳥居状の施設の柱痕跡と考えられる。後出する鳥居が直径五〇センチの柱を残していたのに対して、この時の鳥居は直径一〇センチ程度の細いものである。

本殿と鳥居を結んだ線が神社の中軸線となる。この中軸線は南北方向ではなく座標北から一七度傾いている。この傾きの理由は、本殿に立ち鳥居方向を眺めると明確にその答えがわかる。神社の中軸線は塩津湾の開口部の中央を貫いているのである。

四辺の堀の内、中軸線と同じく傾いているのは南堀と西堀である。残る北堀と東堀はほぼ南北の方向で掘られている。このため神社境内の平面形状は矩形《くけい》ではなく、かなり歪《ゆが》んだものとなっている。これは南北を基軸とした既存の施設が存在し、その施設の東北隅の一部を琵琶湖に軸を求めた新たな堀で区切り取り神社の境内としたからと理解される。神社は琵琶湖を正面にして神を祀《まつ》る施設だったのである。

この神社は琵琶湖から詣《もう》でて、鳥居をくぐるのが正式な参拝となる。そのためには船で参拝に訪れることになり、鳥居の前には船着き場が設けられていたものと考えられる。水運業者から崇敬を集めることが条件となる施設となる。むろん、集落からの参詣を拒んでいるわけではない。東北部には土橋が設けられ、北側（陸地側）からも参詣できるようになっている。

一一世紀の境内に本殿以外の建物を検出することはできなかったが、堀から小型神殿の部材となる「懸魚《げぎょ》」「高欄《こうらん》」「破風板《はふいた》」「垂木先飾り板《たるきさき》」「垂木先飾り金具」などが出土した。小型で装飾が施された建物の部材である。これらの部材の検討については、本書第二章に譲る。

起請文祭祀の開始

南の堀は一二世紀の初頭に三メートルほど南に付け替えらえる。この堀から起請文木札の投入が始まる。北の堀から出土した二枚の起請文木札もほぼ同じ時期に投入されたものと考えられる。起請文木札に記された年号で最も古いものはさらに南に掘り直された堀から出土した木札に記された保延三年（一一三七）であるが、遺構の層位から三〇年ほど遡った時点、一二世紀の初頭に起請文木札による祭祀が始まったと判断できる。

一二世紀の神社

一二世紀の第2四半期に神社は大きくリニューアルされる（口絵9）。中心軸は一・四メートル東に平行移動し、本殿は石敷きの基壇を持つ土台作りのものに作り替えられる。さらに、拝殿が作られ、井戸が掘られ、内部を仕切る塀が設けられ、東西にも建物が追加される。鳥居は大きく太くなり、東北角の堀は埋めて道が接続し門が付く。

本殿遺構として石敷きの基壇を検出した。約三・二メートル四方の石敷きで、石材一段

写真１-24　12世紀の神社本殿・拝殿（北から）

だけの石敷きである。礎石となるような石材は見いだせず、本殿は井桁《いげた》土台の構造のものが乗せられていたものと考えられる。上屋は流造《ながれづくり》であろうか。本殿の周辺を帯状の石敷きが廻る。これは瑞垣《みずがき》の基礎であろう（写真1―24）。

拝殿は複雑な変遷をたどる。当初、東西四間、南北三間の掘立柱の建物が正殿の前に設置される。同じ場所で数度の建て替えが行われた後、礎石建物へと構造を変える。礎石拝殿は東西三間、南北四間である（復元模型では北側の庇《ひさし》を省略してある）。平面形状・規模は掘立柱拝殿と礎石拝殿はまったく同じである。しかし、ちょうど九〇度回して建て直しているのである。このため建物の東西幅は八・四メートルから六・六メートルに変わり狭くなっている。本殿を囲う瑞垣を帯状の石敷きの中央に設置すると東西幅は六・六メートルである。つまり、後期（最終期）の瑞垣の幅と礎石拝殿の幅を合わせていることが確認できる。前期の瑞垣の痕跡として一回り外側に礎石と掘立柱の列を検出している。これは本殿を中心に据え、東西幅八・四メートルである。つまり前期の拝殿である掘立柱拝殿の東西幅と一致する。本殿、瑞垣、拝殿が一体となって造られ、変遷していった状態を確認できる。

土師器皿祭祀

神社境内から大量の土師器皿が出土した。これが当時盛んに行われた神事の痕跡と考える。土師器皿の分布は本殿前を中心にした箇所に極端に偏る。堀の外では土師器皿の散布はほとんどなく、また、境内を南北に区分する浅い溝より南側にも散布はない。土師器皿の極端な分布は本殿前で行われた祭事にともなうものと理解できる。出土した土器のほとんどが京都系の土師器皿で直径一五センチほどの大皿と一〇センチほどの小皿である。港での調査での土師器皿の占有率が五〇パーセントほどなので当時の使用状況をそのまま映したのではなく、神社で行われた祭事特有の占有率といえる。

出土する土師器皿はことごとく小破片であった。これは祭事の後、土師器皿は片づけられることなくその場に捨て置かれ踏み割られる状態にあったことを示す。本殿の下から拝殿にかけての一帯はつねに土師器皿が散乱していた状態であり、本殿に参ると当然のように土師器皿を踏み割ることになっていたのであろう。

この祭事は神社が建てられた一一世紀後葉から神社が廃絶する一二世紀末まで続き、最終的に土師器皿片は四〇センチ近い堆積となっている。土師器皿総重量は一一一〇キロを測り、推定一万三五〇〇枚である。

神像の転落と神社の廃絶

北堀から四体、東堀から一体、神像が出土した。高さ一五センチ程度の小さな木製の像で現時点での見立てで、男神像二体、女神像三体である。いずれも、腐食が進んでいるが、特に下半身が傷んでいる（口絵11）。これは、本殿に安置されている時に、雨漏りで床が濡れ、下から腐り上がったためと観察される。同様の腐食は建部大社の神像にも見られる。神像は本殿内に安置されて人目に触れないため、雨漏りに気が付かれず腐食が進んだのである。

よって、本神像は本殿内に長く安置されていたものとなる。その神像が五体も堀から出土したのはアクシデントに遭遇したためであり、そのアクシデントは元暦二年（一一八五）に発生した地震の可能性が高い。この地震により本殿は倒壊し神像もろとも北の堀に転落したものと考えられるのである。神像と一緒に本殿の棟を飾っていた瓦や、屋根を葺《ふ》いていた檜皮《ひわだ》、壁材の薄板などが出土したのもその根拠となる。

神社が一二世紀末に廃絶するのはこの地震が直接の要因である。この地震により地面が沈下し神社は水没してしまうのである。港の調査からこの時の変位量は六〇センチ以上と推測されている。神社は水没し事実上の湖底遺跡となる。

一一世紀の一つ前の施設（神社）

一一世紀の神社が置かれる前、北と東にはすでに区画溝があった。一一世紀後葉に神社が置かれる前、すでに何らかの施設が存在していたことになる。実際、下層に八～九世紀の遺物を大量に含む層が青灰色の無遺物粘土の薄い層を挟んでその下に存在している。一一世紀の神社を含めそれ以下の遺構は現地保存となったため調査は行っておらず、その詳細はわからないが、排水溝などの掘削で遺物が出土し、その様子が見えている。遺物には墨書のある須恵器のほか奈良三彩の壺や香炉、檜扇《ひおうぎ》、人形代《ひとかたしろ》など特殊なものが多く含まれる。掘立柱の建物の存在も確認している。このことから前段階に常設の建物を持つ施設の存在を想定することができる。もちろんこれを神社と想定することもできる。しかし一一〜一二世紀の神社の遺物の出土が堀で区画された神社境内にほぼ限定されるのに対して、八〜九世紀の遺物包含層は広く分布し、その施設は相当に広い範囲で想定する必要がある。

延喜式(一〇世紀)に「塩津神社」が記されているが、九世紀中頃から一一世紀中頃までの二〇〇年近くの間、この場所での活動はほとんどない。空白時期である。延喜式に記された塩津神社はまったく異なる神社のことであるのか、もしくはこの期間は別の場所に移動していたことになる。

第二章　塩津港の神と神社

笹生　衛

一、平安時代の神社の実態

現在も多くの人々が参拝し、日本人にとって特別な場所である神社。その歴史を考える上で重要な資料が、琵琶湖北岸の塩津港遺跡で発見された。平安時代の神社の跡が発掘調査により明らかになったのである。塩津港遺跡は琵琶湖に面し、水に浸かる状態にあったため、神社の建物の柱や基礎の部分が良い状態で残されていた。出土した遺物には、土器や金属・石製の品々だけでなく、木・藁《わら》などで作られ通常は腐ってしまう物まで含まれていた。これらの建物などの跡（遺構）と出土遺物を組み合わせることで、平安時代の神社境内や神祭りの復元が可能となる。

塩津港遺跡で発見された神社の年代は、平安時代の後期、一一世紀後半から一二世紀を中心としている。この時期は、古代から中世へと社会が大きく変化していく時代であり、現在につながる神社や祭りの形が成立する時代でもある。その時代の具体的な神社の様子を塩津港遺跡の神社の跡は教えてくれる。この遺跡を細かく見ることで、現在の神社の起源だけでなく、どのように神社や神祭りが古代から中世へと変化したのか、背景には如何なる出来事があったのかを知ることができる。そこで、ここでは発掘調査の成果にもとづき、塩津港で神を祀《まつ》る意味と背景を考えるとともに、平安時代の神社境内の景観を復元し、現在の神社の起源の一端を明らかにしてみたい。

二、塩津の神と港の神

塩津の神

塩津の地で、神を祀る歴史は古い。文献史料の最古の記録は、平安時代の中頃、一〇世紀の法律書『延喜式』巻九、神祇九、神名で近江国浅井郡に鹽津(塩津)神社と下塩津神社の名を確認できる。『延喜式』神名は、朝廷が、各地の重要な神社へと幣帛《へいはく》(神へ奉る貴重な品々)を捧げるための神社台帳であり、少なくとも平安時代の一〇世紀には、塩津神社・下塩津神社は、朝廷からの幣帛が供えられる重要な神社であった。なお、浅井郡には一四座(祀る神の数)、一三社の神社をあげており、このうち片山神社が二座であることから、『延喜式』の編纂《へんさん》時点では、塩津神社と下塩津神社の祭神は、ともに一座であったことになる。

　これらの神社が、塩津港遺跡で発見された神社の跡に当たるのかは慎重に考える必要がある。現在、塩津神社は遺跡の東約三〇〇メートルの高台に境内があり、下塩津神社は塩津浜の北東の集落に存在する。さらに、神社跡から出土した一二世紀の起請文木札には、塩津の鎮守神として「塩津五所・稲懸祝山・津明神・若宮三所」をあげており（本書第三章）、いずれの神が、この遺跡の神社跡に祀られていたのか特定することは難しい。

　そこで改めて、「塩津神社」という名称から、神社の立地を考えると、「塩津」つまり「塩の港」の神社という意味になり、港湾で神を祀る神社の情景が推定できる。塩津神社は、本来は港に鎮座する神社だったと考えられる。このように考えて塩津港遺跡の神社跡を見ると、琵琶湖北岸の深い入江の奥で、琵琶湖へ流れ込む大川の河口という港湾に適した地点に位置している。今回の発掘調査では平安時代後期の神社跡の下層（塩津港遺跡の遺構面、第三面）で、さらに古い奈良時代から平安時代前期、八・九世紀の神社の痕跡を確認している。

この古い神社は、大川河口の港湾「津」に隣接して建てられていたと考えられる。しかし、九世紀の後半から一〇世紀にかけて、琵琶湖の水位が上昇して水没する。その後、一一世紀後半に水が引き、この地点が陸地になると、再び神社が造られた。港湾に接するこの地点が、神を祀る上で重要な意味のある場所であったことがわかる。

ここで、神社跡の神社・神について二つの仮説を立てることができる。一つは、琵琶湖の水位が上がり港が移動すると、塩津の港の神社（塩津神社か）も移動し、水位が下がり港が戻ると、あわせて神社も戻ってきていたとの仮説。もう一つは、港が戻っても移動した塩津神社は戻らず、新たに起請文木札にある「津明神」の社が津（港）に成立したという仮説である。現時点では、いずれが妥当か判断はできない。それでも、塩津港遺跡の港が、神祭りの上で重要な場所であったことは間違いない。

港湾と神

では、なぜ港で神を祀り、港に面して神社を造らなければならなかったのか。港湾と神の関係は、すでに八世紀前半、『古事記』『日本書紀』（『記紀』）に見ることができる。その代表が、摂津国（大阪府）住吉郡の住吉神社に祀る住吉三神（表筒男・中筒男・底筒男）である。『日本書紀』神功皇后摂政元年二月条は、この神々について次のように書いている。

また表筒男《うはつつのを》・中筒男《なかつつのを》・底筒男《そこつつのを》、三《みはしら》の神、誨《をし》へて曰はく、吾が和魂をば大津の渟中《ぬな》倉《くら》の長狭《ながを》に居《ま》さしむべし。便ち因りて往来《ゆきかよ》ふ船を看《みそなは》さむ。

住吉三神は、「吾々の和魂《にぎみたま》（穏やかな働きを持つ神霊）が、大津（大きな港）に居れば、吾々は、そこに出入りする船を見守ろう」との託宣を下したという。ここにある「大津の渟中倉の長狭」こそ住吉大社が鎮座する地であり、古代、大和川が大阪湾に流れ込む河口にあたる。そこは瀬戸内海の航路と、大和王権が本拠地とした大和地域（奈良盆地）とを結ぶ重要な港であった。そのような重要な水上交通に適した地形や自然環境の働きに、古代の人々は神の存在を直観し（パスカル・ボイヤー二〇〇八）、そこに神が居られると認識して神祭りの場「神社」が成立する（笹生二〇一六）。古代の『記紀』や『延喜式』では、特定の現象が現れる場所・環境に居られる神を「〜に坐す（居す・ます）神」と表現する。住吉三神は、大和と瀬戸内海航路を結ぶ重要な港に居て、出入りする船の安全を見守ると考え、住吉の大津（大きな港）に神社を建て祀ったのである。

これは宗像三女神《むなかたさんじょしん》にも当てはまる。この三女神は、大和地域と朝鮮半島を最短で結ぶ航路上で祀られる。『日本書紀』では、タゴリヒメノミコトは沖津宮、タギツヒメノミコトは中津宮、イツキシマヒメノミコトは辺津宮《へつみや》に、それぞれ居られると書いている。沖津宮は、玄界灘の孤島の沖ノ島、中津宮は九州本土と沖ノ島の間の大島にあり、辺津宮は九州本土、釣川の河口に面する場所にある。大和から朝鮮半島へと向かい玄界灘を渡る上で、釣川河口は船を停泊させる港に適しており、玄界灘の只中で真水が湧く沖ノ島は、波荒い玄界灘を渡る中継点や目標として重要な働きを持っていた。そこに、その働きから直観される神々が祀られた。そして、沖ノ島には、古墳時代の四世紀後半から九世紀まで祭祀の痕跡、祭祀遺跡が残されている。このような神の考え方「神観」は、古墳時代以来の古い伝統を持っていると考えてよい。古代の人々にとって船は大量の物資を遠距離へと運べる、極めて重要な交通手段である。その舟運において港湾に適した地形・環境の働きは、人々の生活・社会を支える上で不可欠であった。船を停泊でき、陸路に連結できる地形・環境の働きに、住吉の神に代表されるような船を見守る港の神を直観し、その神を祀ることで、港が優れた機能を発揮し、その状態が維持されることを願ったのである。

都と北国の交通路

塩津の神の場合は、どうだろうか。塩津の港は、北陸地方から都（平城京・平安京）へと、さまざまな物資を運ぶには重要な地点であった。塩津港遺跡の下層からは、八世紀代、平城京系の土器や奈良三彩が出土しており、既に奈良時代（八世紀代）には塩津の地は交通上の要地となっていたようだ。そして、都から塩津を経由し北陸地方へと到る交通路は、次のように推定できる。

「都（平城京・平安京）」→「大津」→琵琶湖（水運）→「塩津」→「敦賀」→日本海（水運）→「羽咋《はくい》」→「七尾・能登国府」。

能登国府からは、日本海の水運を通じて、越後・出羽国（東北）方面へつながっており、このルートは、東北地方や北陸方面の物資を都へ運ぶ大動脈であったといってよい（図2—1）。

図2-1　古代の都と塩津・敦賀・羽咋

背景地図は、国土地理院サイト（電子国土 Web）の色別標高図を使用このルート上には、国家的に重要な神社が鎮座している。福井県敦賀市の気比《けひ》神社と石川県羽咋市の気多《けた》神社である。古代の正史「六国史《りっこくし》」によると、たびたび両社への奉幣（朝廷が幣帛を奉ること）が行われており、気比・気多の神が、いかに国家にとって重要であったかがうかがえる。

気比の神

琵琶湖北岸の塩津から、大川に沿って北に進み深坂峠を越えると、笙《しょう》の川の上流にでる。ここを北に下れば敦賀である。そこは日本海から入り込み奥深く波静かな湾に面し、船を停泊させる港湾には適した地形である。ここに気比の神を祀る気比神社は鎮座する。

敦賀湾の奥、笙の川の河口には東西にのびる浜堤《ひんてい》（海浜の砂の高まり）が三本あり、現在の海岸から南に約七〇〇メートル離れた最も奥の浜堤上で、古墳時代の前期（三世紀頃）と後期（六世紀頃）の土器、古墳時代後期から平安時代前期（九世紀代）の製塩と祭祀に関する遺構・遺物を確認している。特に、現在の別宮《べつぐう》神社（敦賀市櫛川《くしかわ》）と周辺の松原遺跡では、神祭りに関連する遺構・遺物の存在が発掘調査で明らかになっている。主な遺物には、小型の銅製儀鏡（神祭り用の小型銅鏡）、皇朝銭（和同開珎・神功開宝・隆平永宝）、銅製鈴、鉄製の刀子《とうす》がある。これら古代の遺構・遺物により、九世紀までの海岸線は、最も奥の浜堤にあったと推定でき、別宮神社周辺の出土遺物により、九世紀には、敦賀湾に面した浜堤で神祭りを行っていたことが明らかとなった（敦賀市教委一九八八）。

この浜堤を笙の川の東まで伸ばした地点に気比神社は鎮座する。つまり、古代の九世紀以前には気比神社は、笙の川の河口に近い海浜に鎮座していたことになる。古代の気比の神には、敦賀湾の奥、笙の川河口の港を見守る神、港の神としての性格を推定でき、松原遺跡の発掘調査成果からは、海浜には別の神祭りの場も存在していたことになる。

気多の神

敦賀湾から日本海を渡り能登国府（石川県七尾市）へ行く上で、特別な働きを持つ地形が能登半島の付け根にある。石川県羽咋から七尾にかけて走る溝状の地形「邑知《おうち》潟地溝帯」と邑知潟である。邑知潟は羽咋川で日本海とつながり、干拓以前には、さらに広い水域が内陸へと広がっていた。そこは船を停泊させるのに適した水域であり、ここから邑知潟地溝帯に沿って平坦地を進めば能登国府への最短ルートとなる。古代、邑知潟は、水陸交通を結ぶ港として重要な機能をはたしていたと考えられる（羽咋市教委二〇一〇・二〇一九）。

邑知潟と日本海の間には砂丘が南北にのび、その北端に寺家遺跡がある。気多の神を祀る気多神社は、現在、遺跡北側の台地上に鎮座する。寺家遺跡からは、八・九世紀の神祭りで捧げ・供えたと考えられる品々が多数出土した。祭り用の小型銅鏡（海獣葡萄《ぶどう》鏡・素紋《そもん》鏡）、鉄製の武器（直刀・鏃《やじり》）や刀子、皇朝銭（和同開珎・神功開宝・隆平永宝・富寿神宝）、銅鈴、奈良三彩と内容は豊富である。この他、出土遺物には「宮厨」「宮」「神」「司館」などの文字を墨書した土器があり、神社との密接な関係がうかがえる。さらに大型掘立柱建物を含む建物群、井戸、製塩・鍛冶《かじ》工房、畑といった遺構が広範囲で確認された。

これらの遺物・遺構から、寺家遺跡は、古代の気多神社を支える神戸の集落跡と考えられる。古代、気多神社は寺家遺跡に隣接し、邑知潟と日本海を眺めることができる場所に鎮座していたことは間違いなく、やはり、気多の神は港の神という性格を持っていたと考えられる。

北国ルートと塩津の神

このように見てくると、古代の塩津の神は、気比・気多の神とともに、都と北国を結ぶ港の神という性格が考えられる。気比神社と同じく敦賀湾に面していた別宮神社周辺の遺跡と、邑知潟に面し気多神社と密接に関連する寺家遺跡。二つの遺跡から出土した神祭り(祭祀)に関連する遺物には、ともに祭祀用の小型銅鏡、皇朝銭、銅鈴、鉄製品があり一致する。また一方で、寺家遺跡と塩津港遺跡の下層からは、ともに奈良三彩が出土している。これら三か所の神祭りの場は、すでに八・九世紀代には、相互に関連し、都ともつながっていたと言ってよい。そして、都が平城京から平安京へと移ると、都へと海産物などを運ぶ北陸ルートの重要度は増したのだろう。気比・気多の神は朝廷から厚遇されるようになる。例えば、『続日本後紀《しょくにほんこうき》』に次の記事がある。

　承和元年(八三四)九月二十九日。能登国に坐す正三位勲一等気多大神宮の禰宜《ねぎ》・祝《はふり》二人に、始めて把笏《はしゃく》せしむ。

　承和二年二月二十三日。越前国に坐す正三位勲一等気比大神の祝・禰宜、鹿嶋・能登大神の祝・禰宜に准じ、以て把笏せしむ。

　気比・気多の神に対して九世紀前半の段階で「神宮」「大神」と称し、朝廷は正三位勲一等という高い神階(神の位)を授与している。さらに神職には特別に把笏(笏を持つこと)を許している。

　塩津の神についても、気比・気多の神に連なる神として重要視されたことは、容易に想像がつく。このため、『延喜式』「神祇」巻九神名の、近江国浅井郡「鹽津神社」が、塩津港遺跡で確認された古代(八・九世紀)の神社に当たる可能性は高い。浅井郡の塩津には「下鹽津神社、一座」もあり、すでに複数の神祭りの場が、塩津周辺には存在していたことになる。古代の敦賀の海浜と類似する状況である。

　ところが、『延喜式』が編纂された一〇世紀前半、すでに触れたように、塩津港遺跡の場所は琵琶湖に水没していた。九世紀後半から一〇世紀には環境が変化し、港とともに古代の港の神への祭り、その舞台である古代の神社は終焉《しゅうえん》を迎えたようである。

一〇世紀の環境変化

この変化は、気比・気多の神を祀る環境にも発生していた。能登羽咋の寺家遺跡は、一〇世紀の初頭、大量の砂が堆積し砂丘の中に埋没。ここでの古代の活動は一時的に中断する。羽咋の海岸砂丘は、白山を水源とする手《て》取《どり》川が日本海へと吐出《としゅつ》した砂により作られている。そうすると九世紀後半から一〇世紀にかけて、多量の土砂が手取川水系から流出する状況が発生していたと考えられる。具体的には洪水などによる大量出水を想定できる。

敦賀においても、一〇世紀以降、気比神社と別宮神社がある浜堤の北側に、新たに二列の浜堤が形成され、現在の敦賀市街地が作られている。笙の川からの土砂流出が増加していたと考えられる。

そして、敦賀から深坂峠を南に越えた琵琶湖岸の塩津でも、九世紀後半、それまでの港と神社は水没している。九世紀後半から一〇世紀、洪水や琵琶湖の水位を上昇させる現象が起き、その結果、港湾と神社の環境・景観は劇的に変化したのである。これと連動する可能性が高い状況は、平安京においても発生していた。平安京内の発掘調査成果を総合すると、一〇世紀から一一世紀にかけて、賀茂《かも》川の川底（河床面）が約二メートル低下したことが指摘されている（河角二〇〇四）。原因には、洪水などの大量出水にともなう川底の侵食を推定できる。

九世紀後半から一〇世紀代の気候は、特異な状況であったことが、近年、年輪の分析による研究で判明している。木の年輪に残された酸素同位体の傾向から、一年単位で過去の湿潤・乾燥の傾向を明らかにしようとするもので、この分析によると、九世紀後半から一〇世紀には、湿潤と乾燥が短期間で激しく変化する気候変動の時代であったと考えられている（中塚編　近刊）。これに対応するように、九世紀後半、『日本三代実録』の貞観年間には洪水の記事があり、貞観年間の末期には水害の頻発に触れた詔勅が出ている。また、一〇世紀前半、『本朝世記』の天慶年間の記事を見ると、洪水と旱魃《かんばつ》が短期間に発生している。九世紀後半から一〇世紀にかけての地形・環境変化の背景には、このような気候変動が影響していた可能性は高い。

一一世紀後半に塩津港遺跡で神社は復興する。しかし、一二世紀、塩津港遺跡の神社に立てられた起請文木札を見ると、『延喜式』が記す古代の鹽津神社の神とは異なった「塩津五所明神」など新たな神々が登場してくる。古代の神々は、自然環境の働きと密接に関係していた。このため一〇世紀の環境変化は、古代の神祭りと、そこでの神の考え方「神観」に大きな変化をもたらしていたのである。

三、神社の再興と一一世紀の神祭り

神社の再興

一一世紀後半、塩津港遺跡では琵琶湖の水が引き陸地化し、新たな神社と港の景観が造られた。八・九世紀の神社と港の上には、水没していた時に粘土の層が堆積し、その層の上面(第二面)に新たな港と神社の景観が作られたのである。大川の河口を挟んで、東側には塩津の港が、西側の中州に神社が位置していた。神社の場所は、九世紀以前に神社があった地点である。古い神社の場所が記憶されており、そこに再建されていた。一一世紀後半には港湾機能が独立し、河口の東側へと拡大、神祭りの場と港湾とが分離した形となる。塩津を通る物流量が増加、八・九世紀代以上に港湾として重要度が増していたと考えてよいだろう。

再建された神社は、建て替え改築を繰り返し、平安時代から鎌倉時代への分岐点、一二世紀末期まで維持されている。一一・一二世紀の神社の様子と変遷は、発掘調査により、細かな部分まで明らかになっている。一一世紀後半に再興された神社は、東西南北の四方を堀で区画した境内に、本殿と考えられる建物一棟だけが建つという景観であった(口絵10)。堀の幅は約二メートル、一辺約四五メートル四方の範囲を区画し、神社境内としている。南堀は、中央を幅四メートルほど掘り残し通路としている。この通路を通り、堀を渡ったところで、東西に並ぶ一対の柱が立っていた。位置と構造から鳥居と判断でき、ここが神社境内への正面入り口であったと推定できる。また、北堀に沿って境内側には土手状の土の高まりが続いており、神祭りの場としての境内を視覚的に周囲から区画する役目をはたしていたと考えられる。ただ、この土手状の高まりは、北東隅の部分では途切れており、ここも境内への通路となっていたと考えられている。

本殿の構造

境内の中央、やや北寄りに本殿とみられる建物（ＳＢ二〇一Ａ・Ｂ）が建つ。建物の方位は、神社の正面と考えられる南堀とほぼ平行しており、中心軸の方位は北から西へ約一七度傾いている。本殿からは、塩津に通じる琵琶湖の湖面を正面に眺めることができ、港に出入りする船を見守るという港の神が居られる場所にふさわしい。また、琵琶湖を行き来する船が、竹生島を回って塩津に船を付けようとすると、大川河口に建つ神社の鳥居と本殿は、真っ先に目に入ったと思われる。港湾での神祭りの場は、水上交通におけるランドマークとしての役割を持っていたのではないだろうか。

この時期の本殿は、掘立柱構造である（図２―２）。発掘で確認した柱穴には最低三回の重複があり、同じ場所で数回の建て替えが行われていたことは間違いない。本殿の遺構（建物跡）の中で構造と規模が明らかな例を見てみよう。建物の中心、身舎《もや》は東西棟（棟を東西

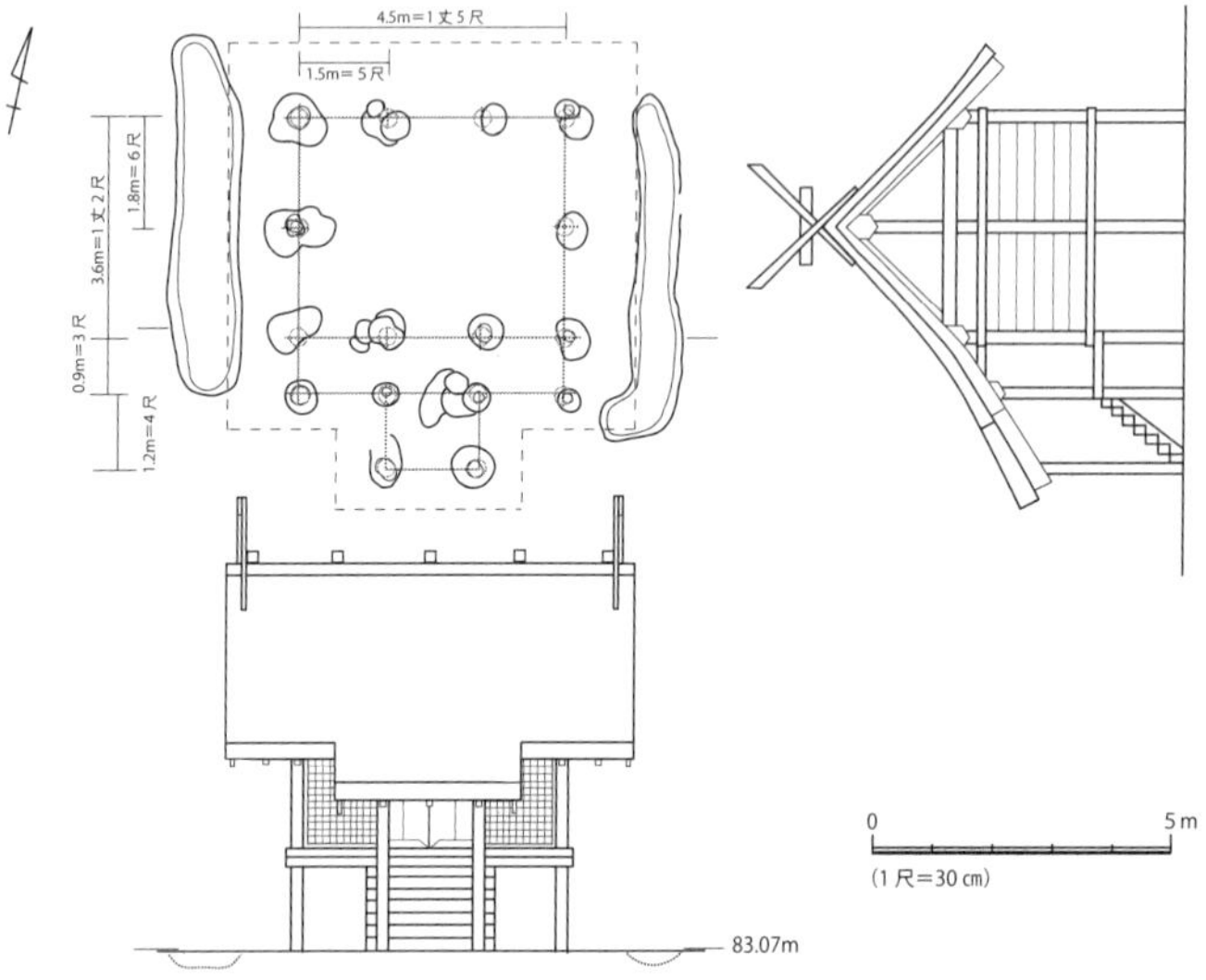

図2-2　第2面神社本殿復元図（11世紀後半）

方向）とし、桁行《けたゆき》（棟と同じ方向）は柱間が三間《けん》、梁間《はりま》（棟に直行する方向）は二間である。柱穴の間隔は、桁行で約一・五メートル、梁間で一・六メートル。一尺＝約三〇センチとすると、六尺と五尺で柱を配置していたことになる。この身舎には、南に半間（三尺・約九〇センチ）の幅で縁と庇《ひさし》が出て、この縁の中央には幅五尺、長さ四尺の階《きざはし》が付く。階があるため高床構造であったと推定でき、本殿の全体的な形は、南側に片庇が出る「流造《ながれづくり》」に近いものであったと考えられる。

　本殿内には神の姿を模った神像を安置していたと考えられる。なぜなら、本殿の北と東側、北堀の上層から四体、

写真2－1　高欄

東堀から一体の木製神像が出土したからである。神像が堀に埋没したのは一二世紀末期、最終的に神社が倒壊した時期と考えられる。しかし、神像の床面と接する部分は腐朽が進んでおり、一二世紀末期の時点で、製作後、かなりの時間を経ていたと推測できる。このため、神像には、一一世紀後半、神社の再興とともに製作され、本殿の奥に安置して一二世紀末期まで守り伝えられたものが含まれていたと考えられる（口絵11）。

神座・玉殿

その神像は、本殿の奥でどのように安置されていたのか。この手がかりとなるのが、北堀の下層から出土した高欄（縁の手すり）の部材である（写真2－1）。地覆《じふく》（高欄の下段の横材）と考えられ、幅は二・七センチ（九分）、全長は九一・五センチ（三尺五分）と小さなものだ。この大きさでは、本殿に付くには小さく、対応する小型建物の存在が考えられる。

そこで思い当たるのが「玉殿」である。玉殿とは、古代の神座「御帳台」に屋根を付け、本殿の意匠を取り入れた神座で、平安時代の後期から末期に成立した。史料的には、広島県厳島神社の例で仁安三年（一一六八）まで遡る。中世の玉殿の多くは桁行二尺以内であるのに対し、一五世紀以前の古い玉殿には桁行三～五尺程度となる例がある（山田二〇〇八）。

北堀の下層から出土した高欄は、神座や玉殿のような小規模建物に付くと考えれば矛盾はない。出土した神像は、像高が一〇センチから一四・七センチと、いずれも小さく、桁行三間、梁間二間の本殿内に安置するには、神座か玉殿が必要となる。神像を神座もしくは玉殿に納め、本殿の奥、間口三間、奥行一間の空間に置いていたと推定しても無理はないだろう。もし、この高欄が玉殿のものとすると、初期段階の玉殿の事例となる。

祭りの形

本殿では、どのように神祭りを行ったのか。類似した本殿の社殿構造「流造」をもつ上賀茂《かみがも》神社の祭祀を参考に考えてみたい。同社には嘉元《かげん》年間（一三〇三〜一三〇六）の祭祀内容を記した『賀茂別雷《かもわけいかづち》神社嘉元年中行事』が残り、塩津港遺跡の神社と年代が近い中世前期の祭祀次第を知ることができる。ここでは、全体構成がわかる三月三日の神事で祭祀の次第を確認してみよう。

三月分三日御神事（中略）。

一　御神事　次第、時み（巳）の時にはじまる。社司等土や（土屋）に参ぬれば、御料仕、はし（橋）殿にてはらへ（祓）有て、御前へ仕ぬれば社司等も参、御とひらき（御戸開き）の次第つねのごとし。御料まいる次第、一番御はし（箸）のだい（台）、つぎ御はん（飯）、つぎもちゐ（餅）、つぎ松もちゐ、つぎくさもちゐ（草餅）、つぎこゐ（鯉）、つぎとり（鳥）、其後いろいろ次第にまいる。御しやうじの物（御精進物）、御くだ物（御果物）まいりぬれば、祝方へ御料まいりて後、又御くすりねき（禰宜）方へまいる。も丶の花まいる。

かくのごとくまいりぬれば、社司等退出して社々へ参。社務御内より出て祝言のや（祝詞舎）によりて、はい（拝）、よる。正官祝、同権禰宜、同祝等日供のやくつとめて、のとのや（祝詞舎）による。其後ニはい、御祝言のしぎ（仕儀）つねのごとし。まかり［　　　］同其後社務祝等参て御内のまかり出［　　　］ごとし。社司等退出之後、社務御内よりいで丶（中略）。ことはて丶退出めぐりて、長のや（庁屋）による。御ざの次第、まづ御さかづき、も丶の花、社司等下ぬれば御はしたつ、御なうらい（直会）きやうぜん（饗膳）也。ことはて丶退出。い上（『日本祭礼行事集成』第三巻）。

神事は、祓→御戸開き→献饌→祝詞奏上→直会の順で行っている。御戸開きの次第については、正月「御神事みの日」に「祝《はふり》（神職）参て、きざ［　　］（階《きざはし》）上下にしてゆう（揖）（頭を下げる作法）の二はいして御とひらきまいらす」とある。「階の下で揖をし、階を上り縁で再び揖をして御戸を開ける」と解釈できる。御戸を開けると、御内（本殿内の外陣）に入り御料（神饌《しんせん》）を供える献饌となる。箸、御飯、各種の餅、魚（鯉）、鳥、御精進物（野菜・海藻類）、御菓子の順で供えている。続いて祝詞奏上。社務（神職）は本殿から下り、本殿に対面する祝詞舎へ移動し、正官祝・同権禰宜・同祝等の神職も祝詞舎へ移り、祝詞を奏上する。

祝詞奏上が終わると社務・祝等は、再び御内（本殿内の外陣）へ入り御料を下げたと考えられる。正月一日御神事には「ひつの御料等にいたるまでまかりいだしぬれば、社司等退出つねのごとし」とあり、神饌を本殿内から下げていたことがうかがえる。そして、最後に神職は本殿の神前から庁舎へと移動して直会《なおらい》（祭祀後の饗宴《きょうえん》）となる。神前で直会は行ってはいない。

一一世紀の神祭り

上賀茂神社の本殿は、桁行三間・梁間二間の身舎に縁と階が付く「流造」である。この構造は、塩津港遺跡の第二面（一一世紀後半から一二世紀初頭）の神社本殿と基本的に共通する。社殿は神祭りのための建物である。本殿の構造が類似すれば、そこで行われた神祭り（祭祀）の構成も類似すると考えられる。

つまり、塩津の本殿においても正面の階を上り、御戸（扉）を開き、本殿内の外陣に入り、本殿の奥（内陣）に置いた神座か玉殿の前に神饌を供えたと考えられる。下賀茂神社の神饌は、現在にいたるまで多数のカワラケ小皿に盛り神前へと供えている（写真2―2）。本殿周辺で集中的に出土するカワラケ小皿は、まず、神饌の盛り付けに使ったとみるべきだろう。

上賀茂神社では、祝詞の奏上は本殿内ではなく祝詞舎で行っている。この点から塩津の神社でも階を下り、本殿に対面するような形で行ったと推定できる。また、祭祀後には上

写真２－２　下賀茂神社御神饌模型

（國學院大學博物館蔵）

漆塗りの台盤・高杯・折敷の上に、カワラケ皿に盛った神饌をのせる。中央の台盤に餅、折敷に鯉、奥の高杯に「御精進物」の海藻・野菜、手前の高杯に「御菓子」がある。

賀茂神社では、場を神前ではなく庁舎に改めて饗宴の直会を行なっており、塩津の神社においても祭祀の後の直会は行われていたと考えられる。しかし、その場所や施設は、現時点では確認できない。上賀茂神社と同様に考えると、本殿から一定の距離をおいた所に場を改めて直会が行なわれたのではないだろうか。

一一世紀後半から一二世紀初頭、神社の祭祀は、神社本殿の類似性から、上賀茂神社に近い形が推定でき、それは禰宜・祝などの特定の人々を中心に行われていたと考えることができる。

ところが、一二世紀の初頭、大川河口の港で埋め立て造成が行なわれ、港湾の整備・拡大（本書第一章）が始まるのと呼応するように、神社境内の南堀を南側へ約三メートル移して掘り直し、境内は拡張された。南堀からは新たに起請文木札が出土するようになり、神社の景観とともに祭の形も大きく変化しはじめていたのである。

四、一二世紀の神社の変化と賑わい

境内の変化

一二世紀前半、塩津の港の拡張・整備は、そこを通る人々と物流量の増加を示唆する。これと連動して一一三〇年代頃までに、神社の建物と境内の景観は大きく変化した。それが第二面の上層、第一面の遺構面で、その景観は一二世紀末期、一一九〇年頃までつづくこととなる。神社境内の南堀は、さらに南へ移動して掘り直され、境内は南北約五二メートル、東西約四四メートルの範囲へと拡大する。また、周辺には、堀で囲まれた新たな区画が作られ、大川河口の中州の土地利用が、神社以外にも拡大していた可能性は高い。これも一二世紀前半の港湾の拡張・整備にともなう動きなのだろう。

神社の境内は、それまでの本殿だけの景観とはまったく異なるものとなった（口絵12）。本殿は瑞垣《みずがき》に囲まれ、その前面（南側）には大型建物三棟が並び建つ。三棟の建物の中央には空を突く高い柱「独立柱」が建っていた。この柱の用途は今一つ明らかにできないが、柱に吹き流しや幡《はた》などを掲げることで、塩津の港に入る船の良い目標になったのではないだろうか。また、境内の北東の入り口には北門と塀が造られ、神社専用の井戸も掘られている。この井戸は神社境内での神饌や食膳の調理・準備を可能としている。実際に、井戸の南の土坑（穴）には灰と炭が廃棄されており、この付近で煮炊きが行われたと考えられる。

本殿と瑞垣

本殿（SB一〇一区画1）の中心は、一一世紀後半の本殿から東へ約一・七メートル移動し、基礎は方形の石敷となっている。基礎の部分では明確な柱穴は確認されていないので、石敷の上に井桁に組んだ角材を置き土台とし、柱を立てる構造であったと考えられる（図2−3）。瑞垣は、本殿の東西に取り付き、南を方形に区画して特別な空間を作っていた。ただし、本殿の建物方位は一一世紀の後半と同じで、正面に琵琶湖を望見できる状況は変わらない。

本殿を囲む瑞垣（SB一〇一区画2）の北辺は、南堀を渡った所に建つ鳥居の柱穴から三五メートル北に位置している。瑞垣の基礎は本殿と同様に石敷で、そこに土台となる角材を置き、垣の柱を立て横木を渡していたと考えられる。

本殿と瑞垣は、石敷の状況などから判断すると何回かの改築があったようである。最初の本殿の基礎（石敷）の範囲は、東西三・一五メートル、南北二・八メートルに復元できる。

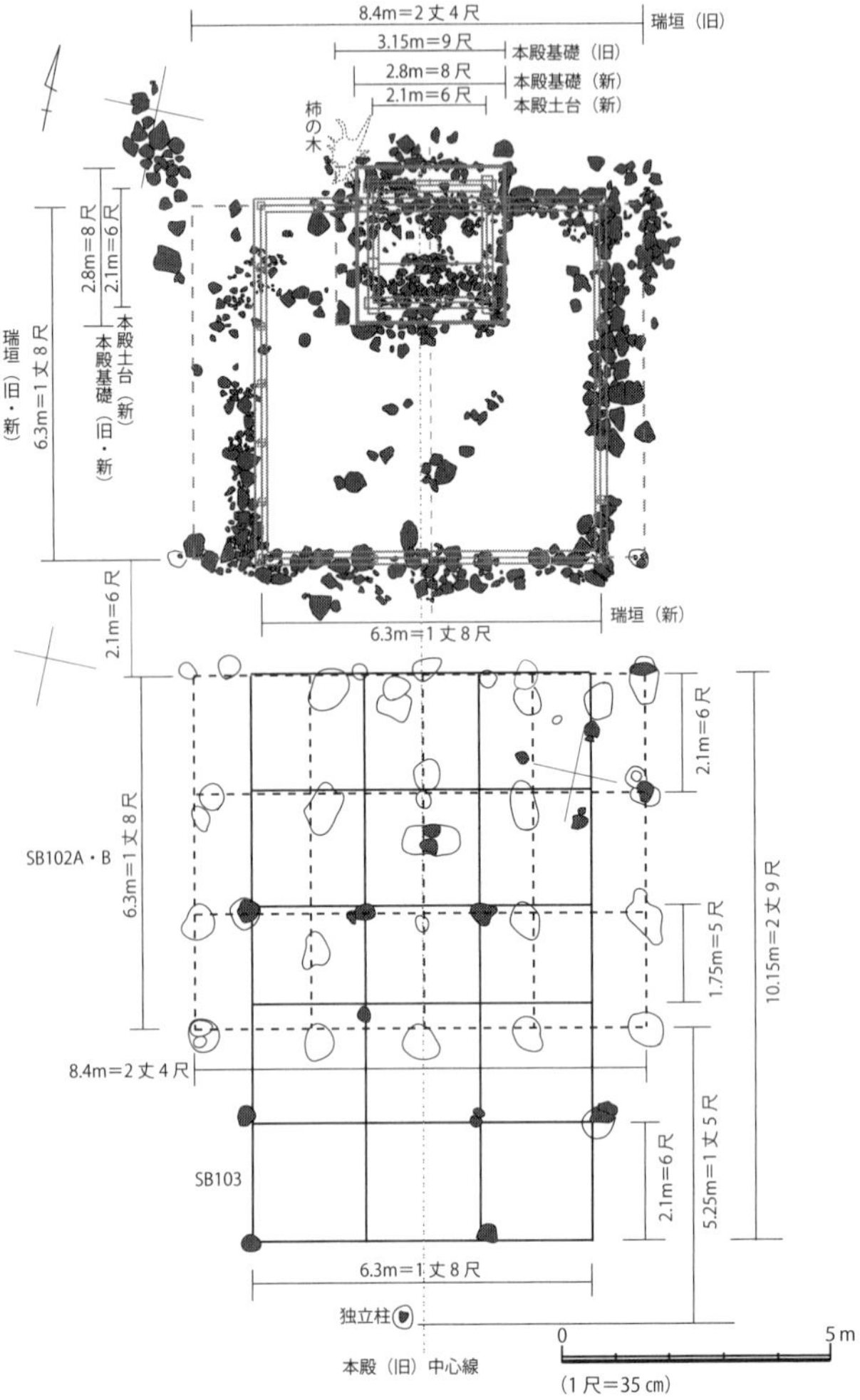

図2-3　第1面神社遺構（本殿・付属建物）復元図（12世紀）

この本殿の基礎から東西に瑞垣の北辺の基礎が出ている。初期の瑞垣の規模は、わずかに残された石敷の痕跡から、東西の幅は八・四メートル、南北幅は六・三メートルに復元できる。

付属建物群

瑞垣の南辺から二・一メートルの間隔を置いて、大型の掘立柱建物（SB一〇二A・B）が建つ（図2－3）。東西棟で桁行四間（八・四メートル）、梁間三間（六・三メートル）、柱間は二・一メートル。この建物と当初の本殿の中心軸は一致しており、両者が計画的に配置されていたことがわかる。大型建物（SB一〇二A・B）の南辺から南へ六・三メートル、本殿の中心軸の延長線から東へ約七メートルの位置に、掘立柱建物（SB一〇八・東舎）が東西棟で建つ。桁行が四間（八・四メートル）、梁間は三間（六・三メートル）と、本殿の南に建つ大型の建物と規模・構造は同じである。また、本殿の中心軸の延長線を挟んだ西側、東側の建物（SB一〇八）に対応する場所にも大型の掘立柱建物（SB一〇九・西舎）が建つ。この建物は、遺構の大部分は失われているが、残された柱穴の位置から、やはり、本殿の南の大型の掘立柱建物（SB一〇二A・B）と同じ規模・構造であったと考えられる。

本殿の瑞垣と、その南に建つ付属建物群は、東西八・四メートル、南北六・三メートルという規格を基準として設計され、計画的に配置さていたとみることができる（口絵12参照）。

基準尺の変更

八・四メートルは桁行四間の長さ、六・三メートルは梁間三間の長さであり、ともに二・一メートルが柱間の基本単位となっている。この長さには、どのような意味があるのか。これと関わるのが、塩津港遺跡から出土した木製尺の存在である。この尺は約三五ミリを一単位としている。三五ミリを一寸とすると、一二世紀頃の塩津港では、三五センチを一尺としていたと考えられる。したがって、二一・一メートルは六尺に換算できる。そして、当初の本殿の基礎は、東西九尺（三・一五メートル）、南北八尺（二・八メートル）、瑞垣の東西幅と付属建物の東西幅は二丈四尺（二四尺、八・四メートル）、南北幅は一丈八尺（一八尺、六・三メートル）となる。

ただし、三五センチを一尺とする単位は、塩津港遺跡で当初から使用していたわけではない。一一世紀後半に再興された神社の本殿の柱間は、先に触れたとおり、一尺＝三〇センチを基本単位としていた。つまり、一尺＝三五センチの尺は、一二世紀前半における本殿の改築や境内の変化にともない導入された可能性が高い。

本殿の変化

一二世紀後半には本殿と瑞垣は改築され、規模を縮小させている。改築は建物の老朽化が関係していただろうが、規模の縮小は、本殿の北西コーナーから生えた柿《かき》の木が原因となっているようだ。発掘調査では、当初の本殿の基礎を割り込んで根を張った柿の木を確認しており、本殿の建物に影響が出ていたと考えられる。この柿の木は、神饌として実を供えるなど特別な意味を持っていたのだろう。伐り取らずに本殿と瑞垣が、柿の木を避けて規模を縮小させていた。本殿の基礎は、西辺を東に寄せて、東西幅を二・八メートルとする。この改築により、瑞垣は東西の幅を縮小、中心線を東に寄せ、東西・南北ともに六・三メートルの規模としている。これが、塩津港遺跡における神社の最終形態である。

この本殿と瑞垣の変化にともなうように、瑞垣の南、中央の大型建物が南北棟の礎石建物(SB一〇三)に変更される。梁間が三間で六・三メートル(一丈八尺)、縮小した後の瑞垣の東西幅と一致する。建て替え後も瑞垣と南の建物は幅を合わせており、その性格は相互に深く関係していたと考えられる。

本殿の姿

規模が明らかな一二世紀後半の基礎部分から、本殿の姿を復元してみたい。基礎の石敷は東西・南北ともに二・八メートル(八尺、一尺＝三五センチ)であり、そこに置いた土台の規模は、瑞垣の基本単位である二・一メートルとすると座りがよい。そうすると、柱間六尺(一尺＝三五センチ)、一間四方で柱が土台上に立っていたと考えられる。また、本殿の前面には階に対応する石敷の張り出しや柱穴は確認できないので、階はなかったと推定できる。これらの条件に当たる社殿の構造としては、正面に棚を付けた「見世棚造《みせだなづくり》」の社殿(三浦二〇一三)が想定できる。この種の社殿は、一二世紀後半、一一七〇年代の成立と考えられる『年中行事絵巻』(小松編一九八六)には複数見ることができる。塩津港遺跡の神社では、石敷の基礎部分の規模から桁行・梁間ともに一間

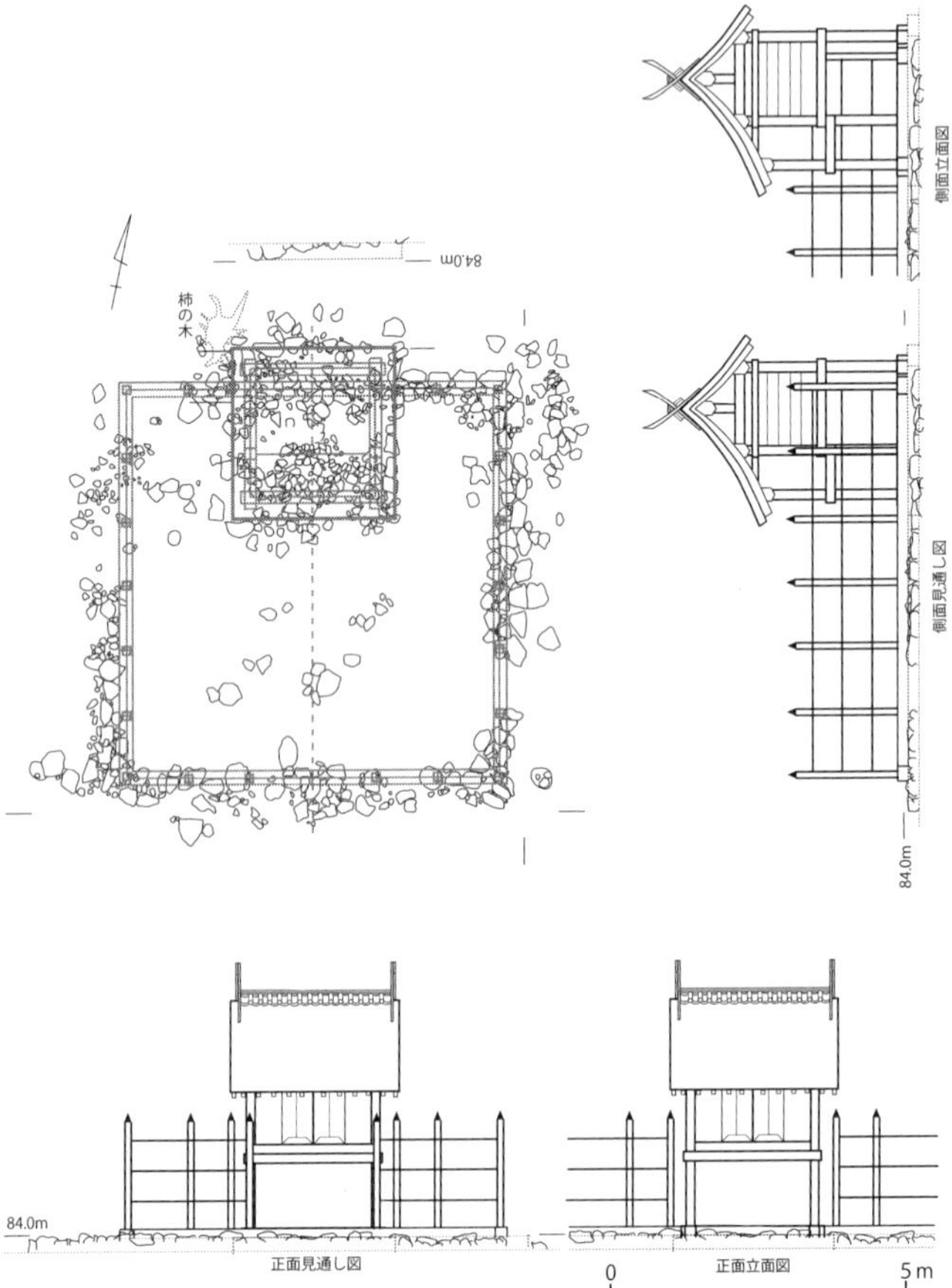

図２－４　第１面神社本殿・瑞垣復元図（12世紀・最終段階）

（六尺、二・一メートル）。間口一間で手前に奥行き二尺（七〇センチ）ほどの棚を作り神饌などを供え、奥の奥行き四尺（一・四メートル）の部分には板扉を付けて神像を安置したと推定できる。また、遺跡からは檜皮《ひわだ》と小型瓦が出土しており、小型瓦には軒丸瓦と軒平瓦、熨斗《のし》瓦があるため、屋根は檜皮葺《ぶき》で棟は甍《いらか》棟に復元できる（図2—4）。

本殿での神像の奉安に関係すると考えられる遺物が、南堀で出土した懸魚《げぎょ》（写真2—3）と板蛙股《いたかえるまた》（写真2—4）、北堀出土の金銅製 錺金具《かざりかなぐ》（写真2—5）と垂木《たるき》受け材である。懸魚は長さ一三・五センチ、幅一二・四センチ、蛙股は下辺が二九センチ、高さ七・五センチ。懸魚の形は、初期の玉殿の形を伝えるとされる広島県の厳島神社摂社、地御前《じごぜん》神社客人《まろうど》

写真2-3　懸魚

写真2-4　板蛙股

写真2-5　錺金具

宮《みや》の玉殿のものと類似する。この玉殿の懸魚は、長さ約六・五寸（約二〇センチ）、幅六寸（約一八センチ）で、玉殿の桁行は三尺（約九〇センチ）、梁間は二・五三尺（約七七センチ）である（山田二〇〇八）。

懸魚の大きさと建物規模との間に対応関係があるとすると、塩津港遺跡の神社跡から出土した懸魚は、地御前神社客人宮の玉殿より一回り小さな建物に付いていたと考えなければならない。ここからは、本殿内で神像を安置する小型の建物「玉殿」の存在を推定できる。板蛙股についても、間口一間（二・一メートル）の桁に付くには小さく、やはり玉殿にともなうと考えるべきだろう。幅三センチ、二・一センチ角の小型の垂木を受ける材も同様である。

金銅製の銹金具は、幅二センチ、長さ八・八センチと小さいが、魚々子《ななこ》地に唐草文を表現した丁寧な作りである。上下の端を花形に作り、縦方向の二か所に固定のための釘穴がある。この特徴からは、板扉の表面を飾った八双金物で、中央の召合わせ部分、定規縁（縦材）の金具と考えられる。これも小型のため、玉殿の板扉の定規縁を飾ったのだろう。とすると、この玉殿は、かなり装飾性の高いものであったことになる。

瑞垣とカワラケ

懸魚・板蛙股をつけ、金銅製の銹金具で飾った板扉をもつ玉殿に神像を安置し、これを一二世紀の本殿は納めていた。しかし、一二世紀の本殿は、一一世紀後半の本殿に比べると小規模で、その役割は神像・玉殿を納めることに特化していたと言えるだろう。この変化にともない、本殿の前面には瑞垣で区画した特別な空間が新たに加わった。それまで本殿内で行なっていた神饌の献供に加え、祝詞の奏上を行なう場として機能したと考えられる。一二世紀になると、塩津港の神社の祭祀は、瑞垣が囲んだオープンスペースで行なうようになったのである。

また、神饌の献供に使用したカワラケ小皿と杯が、瑞垣内から集中して出土している事実も重要である。祭祀で神前に供えた食器は、通常のものとは区別して処理された。例えば、一〇世紀の『延喜式』巻七、践祚大嘗祭《だいじょうさい》では、大嘗祭で供神・供御の食膳を盛った「山杯」「都婆波《つばは》（酒器）」などの食器類は「皆、山野の浄処に置き」とあり、祭祀後に特別な場所へ納めている。塩津港の神祭りでは、本殿の前面の棚に神饌を供えたと考えられるが、終了後は撤下《てっか》され、祭器として使用したカワラケの小皿・杯は、外には持ち出さず瑞垣内に納めたのだろう。その結果、発掘調査で確認したように、多量のカワラケ小皿と杯の破片が、本殿付近に集中することになったと考えられる。

『年中行事絵巻』の神社

では、瑞垣の南につづく建物群の性格を、どう考えるべきか。本殿の前面に位置し、一定の規模を備えているので、まず「拝殿」という性格を推定できる。しかし、そう単純に考えてよいのか。塩津港遺跡の神社と

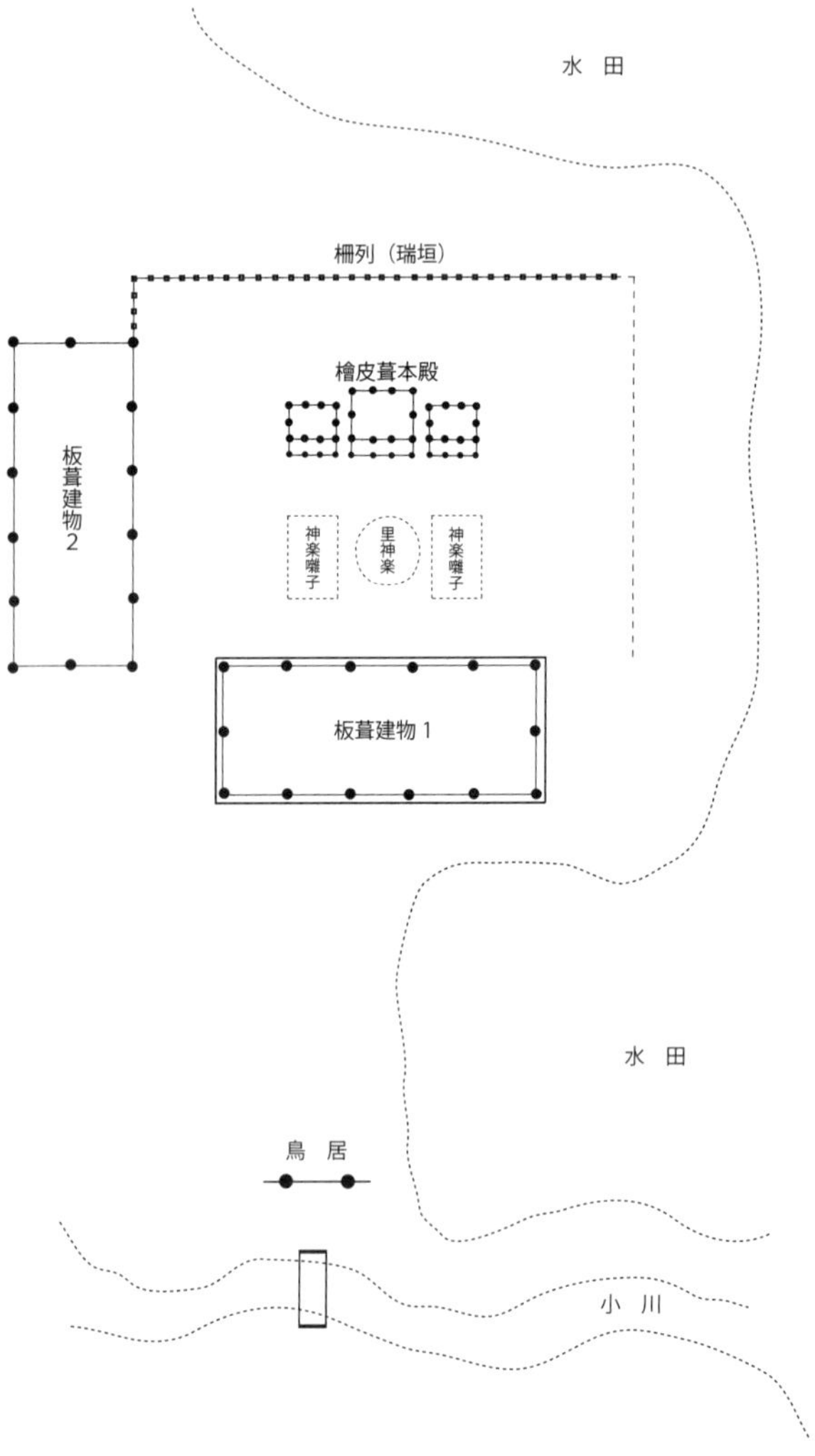

図2－5　『年中行事絵巻』今宮神社模式図

同じ一二世紀後半（一一七〇年代）に成立した『年中行事絵巻』の神社と比較して考えてみよう。

『年中行事絵巻』は、平安京内の複数の神社を描いている。境内全体の様子がうかがえる例としては、巻十一の今宮神社、巻十二の梅宮社があり、その他に巻十三の城南宮と思われる神社（以後、便宜上、城南宮とする）と、神社名を特定できない山城国の某神社がある（日本の絵巻八『年中行事絵巻』）。

まず、今宮神社（図2―5）。境内の正面には鳥居が建ち、老若男女、多くの人々が御幣と酒食を持参し、境内へ入っていく様子を描く。その先には、二棟の板葺《いたぶき》建物が建ち、奥には、檜皮葺で甍棟の屋根に千木を上げ礎石建ちの本殿が三棟並ぶ。板葺建物のうち一棟（板葺建物1）は本殿の正面に並行して建ち、もう一棟（板葺建物2）は直行して本殿の脇に建つ。本殿正面の板葺建物は、礎石に土台を置く構造である。

板葺建物の中には、多くの男女や僧侶と見られる人物が座り、本殿の前庭を眺めている。また、銚子《ちょうし》を持つ若者や、折敷に並べた食べ物を挟んで談笑する男女を表現する。そして、本殿と板葺建物との間では、若い巫女《みこ》が鈴を持って里神楽《さとかぐら》を舞い、脇では女性たちが太鼓を使い神楽唄で囃《はや》す。板葺建物の中の人々は、里神楽を観覧しながら酒食で饗宴を行っているとみてよい。

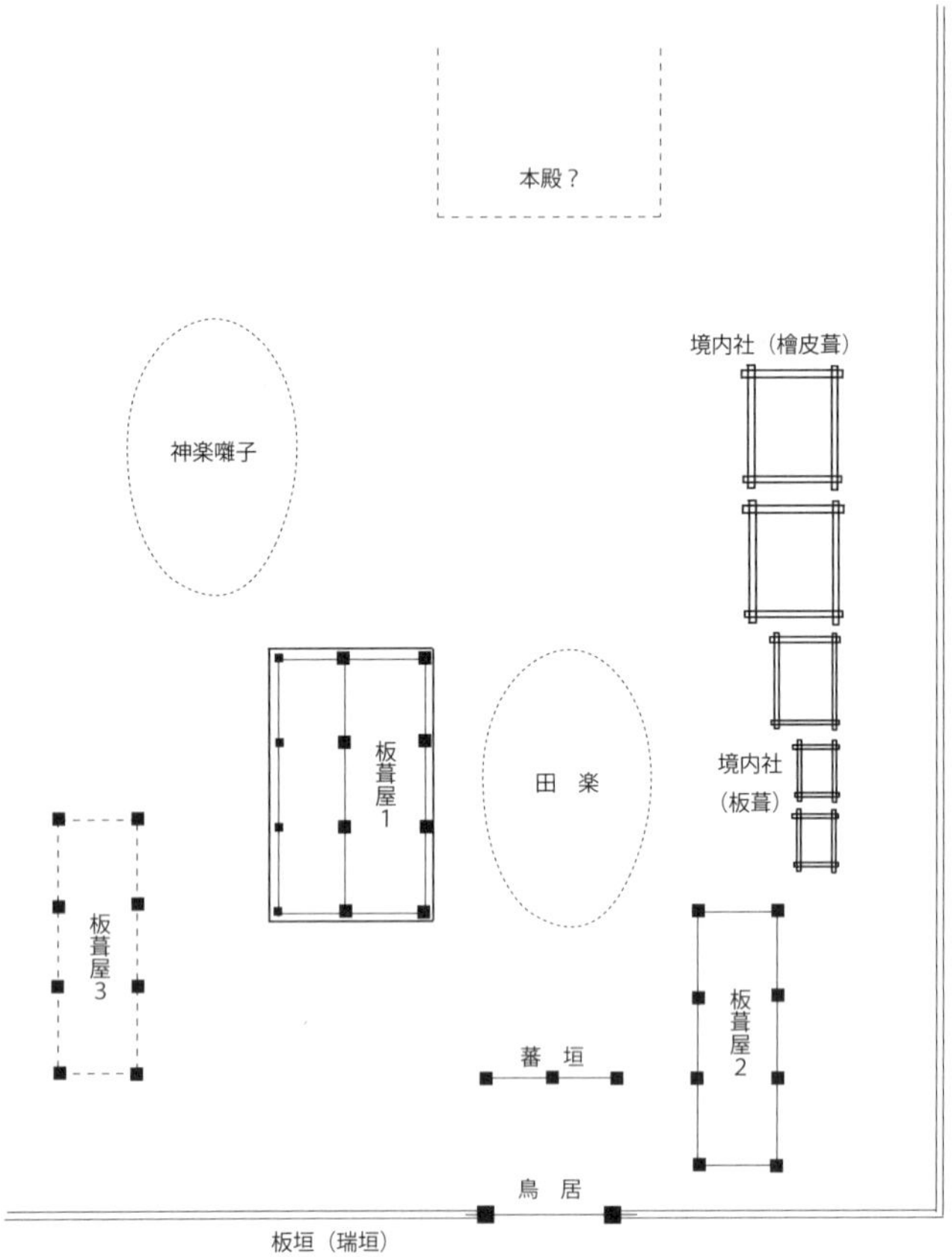

図2-6　『年中行事絵巻』城南宮模式図

今宮神社と同様に城南宮の境内にも複数の板葺建物が建つ（図2―6）。この境内は板垣で周囲を区画・遮蔽し、正面の出入り口に鳥居、そこを入った所に蕃垣《ばんがき》を立てている。境内には、見世棚造の小型社殿が五棟並ぶほか、三棟の板葺建物が表現されている。正面を南とすると、いずれも南北棟の方向で建つ。本殿は描かれていないが、鳥居の奥に南面して建つと仮定すると、境内の板葺建物はすべて本殿とは直行する方位で建ち、本殿の方向を向いていないこととなる。他方、板葺建物の隣りでは、太鼓・鼓・拍板《びんざさら》を手にし、童女を交えた一団が田楽を踊り演奏している。板葺建物の中の人々は、この田楽を観覧しており、周囲にも人集りができている。また、中央の板葺建物1の脇には、鼓を持つ神楽囃子《ばやし》と考えられる女性の集団が食事をとっている。

今宮神社・城南宮と似た境内の状景を表現するのが、山城国の某神社である（図2―7）。正面の入り口には一の鳥居と二の鳥居があり、二の鳥居をくぐると、奥には流造で間口五間、檜皮葺・甍棟の大規模な本殿が建つ。この本殿の前庭を囲むように板葺建物三棟が建つ。この前庭では、僧侶が中心となり、太鼓と拍板を使い田楽を賑やかに催している。前庭には田楽を囲み人集りができており、「L」字形に前庭を囲む板葺建物1の屋根には人々が登り、対面する建物3では女房装束の女性たちが田楽を観覧している。

これら『年中行事絵巻』が描く神社境内の板葺建物は、多くの人々が集い、里神楽や田

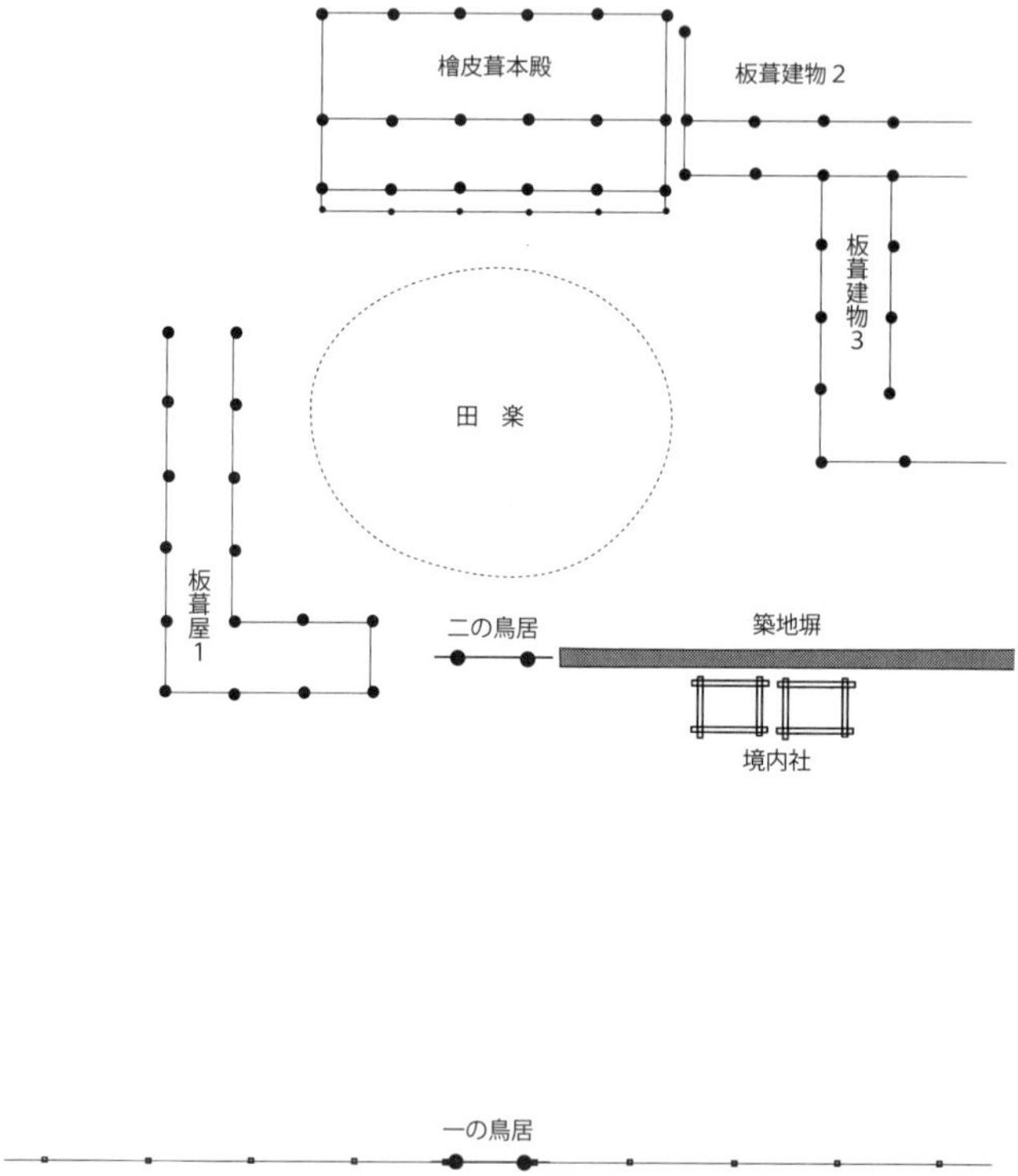

図２－７　『年中行事絵巻』山城国某神社模式図

楽を観覧し、饗宴を行なうための建物で明らかに拝礼用の拝殿とみられる例は認められない。拝殿と言うよりも、多くの人々が観覧や食事・饗宴を行なう、桟敷《さじき》としての性格が強い。

一方、『年中行事絵巻』巻十二の梅宮祭では、今宮神社などと対照的な梅宮社の境内を描く。一の鳥居と二の鳥居の間には競馬を行なう馬場がある。二の鳥居をくぐると、築地塀に檜皮葺の四脚門。門の内側には舞殿と直会殿と思われる建物が建つ。いずれも檜皮葺きで、舞殿は甍棟である。最も奥に、四連の春日造本殿があり、その前面に、神饌を供える拝殿に近い機能を持つ前殿を描いている。前殿は本殿と柱筋と方位を揃え、屋根は本殿と同様に檜皮葺の甍棟である。明らかに、板葺建物が建ち並ぶ今宮神社などの境内とは異なる景観である。梅宮祭は九世紀には公祭となり、二十二社奉幣〔正暦五年（九九五）〕に預かる梅宮社に相応し広大な境内と整った社殿の姿である。

付属建物と祭りの賑わい

塩津港遺跡の一二世紀後半の神社の本殿は、小規模ながら檜皮葺で甍棟に復元できる。しかし、本殿と瑞垣の南に位置する付属建物群は、掘立柱建物と礎石建物が混在し、棟が本殿の棟と直行するもの（SB一〇三）、前面から逸れて建つもの（SB一〇八・一〇九）がある。これらの特徴から附属建物群は、『年中行事絵巻』が描く神社の中では、今宮神社や城南宮の境内に建ち並ぶ板葺建物に近い性格が考えられる。こう考えると、附属建物には多くの人々が集い、里神楽や田楽を観覧し饗宴を行なうという「桟敷」的な性格が強かったと推定できる。

一二世紀前半、本殿の構造は大きく変化し、同時に大型の附属建物が三棟、新たに建てられた。本殿の構造は、祭の内容や性格と密接に関係しており、そこで行なう祭りの内容や性格も大きく変化したと考えるべきだろう。この変化を考える上で新たに成立した瑞垣と三棟の付属建物の意味は大きい。先に触れたとおり、瑞垣内では神饌の供献、祝詞の奏上という祭祀の中心部分が行なわれたはずである。また、『年中行事絵巻』今宮神社境内の描写を参考にすると、里神楽などの奉納も行なわれたと考えることができる。瑞垣の南に建てられた三棟の附属建物は、この神祭りの様子や里神楽などを観覧するため集まった人々を収容する施設と考えることができ、今宮神社境内の板葺建物と同様に饗宴も行なわれたのではないだろうか。南堀などから出土した多量の箸をはじめ、漆器の椀《わん》・皿、折敷《おしき》などは、これに対応するとみることができる。

さらに、独立柱がそびえ、三棟の附属建物が囲む広場では、綾藺笠《あやいがさ》を被り太鼓・鼓・拍板を手にした一団が賑やかに田楽を舞い演奏していたかもしれない。それは、『年中行事絵巻』の城南宮や山城国の某神社の境内と類似する状景である。つまり、塩津港遺跡の神社境内は、一二世紀前半、多くの人々が集う場となり、これに応じて神社の建物と境内が変化していたのである。

この状況は、柳田国男の「祭」と「祭礼」の定義（柳田一九六九）にならうと、塩津港遺跡の神社の神祭りが、特定の地域や一族で行なう「閉じた祭（祭祀）」から、不特定多数の人々が参加し観覧する「開かれた祭礼」へと変化したことを示しているといってよいだろう。

御幣の奉納

多くの人々の存在を示唆する出土遺物には、多数出土した大小の幣串《へいぐし》がある。幣串は、神へと捧げる幣帛（主に布や紙）を挟み、神聖性を示す木綿《ゆう》や紙垂《しで》を付け、御幣として神へと捧げる串である。出土した幣串は、長さ一一〇センチ以上の大型から、六五～五〇センチ前後のものまである。規格や作りはまちまちで、不特定多数の人々が神社へと持ち込み捧げたと考えられる。『年中行事絵巻』では、今宮神社と城南宮の前に、大きな御幣を肩に担ぎ鳥居をくぐろうと歩を進める人物を描く。出土した一メートルの幣串は、このような御幣に使われたのだろう。城南宮の前では、御幣を担ぐ二人の人物を描いており、多くの人々が神前に捧げるため、御幣を持参していたのではないだろうか。

また、独楽、木球、将棋の駒《こま》といった遊戯具が出土している。これも、神社の境内に多くの人々が集まり、遊戯を行っていたことをうかがわせる。一二世紀前半を境に、塩津港遺跡の神社境内は、不特定多数の人々が集まり、神へと奉納する里神楽や田楽を観覧し、饗宴を行ない遊戯も楽しむ「祭礼」の舞台となっていたのである。

起請文木札

塩津港遺跡の神社が不特定多数の人々の集まる場となったことと、起請文木札とは相互に深く関連していたのだろう。起請文木札で紀年が確認できる例は二五点あり、最も古い木札は保延三年（一一三七）、最も新しいものは建久三年（一一九二）である。特に久寿二年（一一五五）から永暦元年（一一六八）の間に一四点が集中しており、一二世紀の中頃から後半にかけて、盛んに起請文木札が神社に立てられていたのである（本書第三章）。この時期は本殿が改築され、多くの人々を収容する三棟の付属建物が建ち、境内の整備が進んだ年代である。起請文木札は、仏教の天部と日本の神祇に、水運にともなう物資の運搬を始めとしたさまざまな誓約を立てている。これを神社に掲出して不特定多数の人々の目に触れさせ、誓約内容を知ってもらうことに、起請文木札を神社に立てる意味があったと考えられる。起請文木札は、鳥居の東西につづく南堀から集中して出土しており、神社正面に立て並べられていたと推定できる。神前に祈誓して起請文を立て、自らの名と誓約内容を衆目に示していたのである。

この時期の変化は、神社で祀る神の考え方「神観」にまで影響を与えていた。起請文木札が記す神名は、ほとんどが冒頭に梵天《ぼんてん》・帝釈天《たいしゃくてん》、炎魔法王、四天王など仏教の天部を挙げ、次に王城鎮守の上下賀茂神社、祇園・稲荷・八幡といった二十二社に含まれる神々、続いて近江国の山王《さんのう》や建部《たけべ》の神、浅井郡竹生島《ちくぶしま》弁才天、そして、当地の地域神、塩津五所明神などへと言及する。仏教の天部と日本の神祇が同じ信仰対象として扱われるようになっている点には大きな意味があるといってよい。特に「橘女弟子起請文」には「上の件の勧請の神罰・冥罰は、近きは三日、遠くは七日の内に」とあり、日本の神祇までもが仏菩薩や天部と同様に「勧請」の対象とされている点は極めて重要である。本来、「勧請」とは、仏に説法を請い人々の救済を願うという意味で、仏・菩薩の道場への降臨を請願することにも使われている（『新・佛教辞典』）。勧請の対象に神祇を加えることには、自然環境の働きに由来する古代的な神観から、仏教的な教義と一体となった中世的な神観への変化を読み取る必要があるだろう。

一二世紀前半の神社境内と神祭りの変化は、単に表層的な現象ではなく、信仰の本質にも関係していたのである。一二世紀代の塩津港遺跡の神社から出土する華鬘《けまん》や瓔珞《ようらく》といった仏教的な荘厳具《しょうごんぐ》の存在は、これに関係すると考えられる。

五、塩津港の神社と平安京の祭礼

京との関係

塩津港の神社の祭礼に参加した不特定多数の人々とは、どのような人々だったのか。塩津の地と平安京とは物流の大動脈で結ばれていた。このため、塩津港を通って、平安京（京の都）と北陸・東北方面を往き来する人々であり、塩津と大津や木津など琵琶湖沿岸の港湾を水運で結ぶ人々であったと考えるのが自然だろう。塩津港遺跡から出土したカワラケが京都産である事実は（本書第一章）、塩津と京都との密接な結びつきを示している。その一方で、平安京の生活・経済を支え、経済的な発展をもたらした豊富な物流の一部は、塩津を通るルートが京へ運んでいたはずである。実際、一一世紀後半から平安京では都市民が経済的に成長し、新たな神祭りの形を生み出していた。これが塩津の地に持ち込まれ、一二世紀の塩津港遺跡の神社の変化につながっていたと考えられる。

京の祭礼

平安京周辺では、一〇世紀には新たな形の神祭りが生まれていた。『本朝世紀』によると、一〇世紀前半の天慶八年（九四五）、志多羅神《しだらがみ》などの得体の知れない神々が神輿《みこし》で移動し、最後は石清水八幡宮に入ったという。その移動の様子は、「数百ばかりの人、三輿を荷擔す。幣を捧げ鼓を撃ち、哥儛羅列し、当郡に来着す」と記している。志多羅神などを乗せた三基の神輿は、捧げ物の幣と鼓に伴奏された歌舞の一団がともなって移動していた。この祭りの形は一〇世紀末期、正暦五年（九九四）に平安京の北、船岡山で実施された疫神祭に採用されている。この時の疫神祭について『日本紀略』は次のように記している。

正暦五年六月廿七日丁未。疫神のため御霊会を修す。木工寮・修理職、神輿二基を造る。北野船岡の上に安置す。僧を屈し、仁王経の講説を行はしむ。城中の人、伶人を招き音楽を奏す。都人士女、幣帛を賷持すること、幾千万と知らず。礼了りて難波の海に送る。此れ朝議に非ず巷説より起こる。

疫神を祀るため、多くの平安京の都市民が集まり、楽人が音楽を奏し幣帛を捧げている。ここで注意したいのは、「これ朝議にあらず、巷説より起こる」の一節である。この祭は、朝廷の意志によるものではなく、巷説、つまり平安京の都市民の発意によるものであった。京の都市民による神祭りの形なのである。この御霊会は、長保三年（一〇〇一）、紫野の疫神祭へとつながり、それは今宮神社の創祀となった。この経緯を『日本紀略』は、以下のように記している。

長保三年五月九日庚辰。紫野において疫神を祭る。御霊会と号す。天下疾疫によるな

写真2－6　『年中行事絵巻』祇園御霊会（岡田本）
（國學院大學博物館蔵）
祇園御霊会の神輿渡御行列の先頭部分。子供が担ぐ大幣と乗尻（競馬の騎手）が進む様子を、沿道で人々が観覧する。

り。是日以前、神殿三宇、瑞垣など、木工寮・修理職造る所なり。また、御輿内匠寮これを造る。京中の上下多く以ってこの社に集会す。これを今宮と号す。

まさに、『年中行事絵巻』が描く今宮神社境内の起源を語っており、そこが京の人々が集会する、新しく賑やかな神祭りの場となっていた。

この神祭りの形は、一一世紀以降、平安京の都市民が行う「御旅所祭祀」として定着していった。その華麗な様子は、『年中行事絵巻』の祇園御霊会や稲荷祭に描かれている（写真2―6）。御旅所祭祀は、神輿による神幸が行われ、そこには巨大な御幣、着飾った馬長《うまのおさ》や王の舞、田楽、神楽、獅子などが組み込まれ、多くの人々が桟敷や沿道で観覧する「祭礼」が成立する。こうした「祭礼」を支えたのが、平安京都市民の経済的な成長だった。稲荷祭の御旅所は、鎌倉時代の『稲荷記』によると「柴守長者」の宅地とされており、稲荷祭の実施には都市民の富豪長者の関与が必要であった（岡田一九九四）。

中世的な神社の成立

平安京の都市民の経済的な成長の前提には、平安京への物資の流れがあり、その物流を支えたのが、塩津のような水陸交通の接点の港湾であったと考えられる。塩津港遺跡では、一二世紀初頭には、埋め立てが始まり港湾整備が進められる。この事実は、そのまま、塩津を通る物流量が増加していたことを示しており、それは平安京、京都の経済的な活況を反映するものであったと考えられる。このような歴史的な環境の中で、塩津港遺跡の神社は変化・発展していったのである。

この神社は、一二世紀末期、再び自然災害にともなう環境変化に見舞われ、大川の河口では存続できなかった。しかし、その結果、古代から中世へと歴史が転換する中で変化していった神社の姿が残され、京の都市民の祭礼を受け入れた地方の神社の実態が明らかとなった。ここからは、中央の文化を地方が受け入れ、地方の文化として根付かせていく歴史の端緒が見えてくる。この延長線上には中世・近世を経て現在につながる神社の景観や祭礼、民俗行事が存在するのである。

参考文献

岡田莊司「第三編、第二章　平安京中の祭礼・御旅所祭祀」、『平安時代の国家と祭祀』続群書類従完成会、一九九四年
河角龍典「歴史時代における京都の洪水と氾濫原の地形変化―遺跡に記録された災害情報を用いた水害史の再構築―」、『京都歴史災害研究』第一号、立命館大学歴史都市防災研究所、二〇〇四年
小松茂美編『日本の絵巻八　年中行事絵巻』、中央公論社、一九八七年
笹生衛『神と死者の考古学　古代のまつりと信仰』、吉川弘文館、二〇一六年
敦賀市教育委員会編『松原遺跡―昭和六三年度櫛川・別宮神社周辺地区の分布および試掘調査―』、敦賀市教育委員会、一九八八年
中塚武編『新しい気候観と日本史の新たな可能性』臨川書店、近刊
中村元監修『新・佛教辞典』、誠信書房、一九六二年
日本祭礼行事集成刊行会編『日本祭礼行事集成』第三巻、平凡社、一九七〇年
羽咋市教育委員会編『寺家遺跡　発掘調査報告書　総括編』、羽咋市教育委員会、二〇一〇年
羽咋市教育委員会編『寺家遺跡整備シンポジウム記録集　史跡寺家遺跡を「知り、守り、伝える。」～遺跡を知り、地域に生かす史跡の整備を考える～』、羽咋市教育委員会、二〇一九年
パスカル・ボイヤー、鈴木光太郎＋中村潔訳『神はなぜいるのか?』、NTT出版、二〇〇八年
三浦正幸『神社の本殿　建築にみる神の空間』、吉川弘文館、二〇一三年
柳田国男『日本の祭』、角川書店、一九六九年

山田岳晴「神社玉殿の起源と特質　安芸国の玉殿を中心として」、『国立歴史民俗博物館研究報告』第一四八集、国立歴史民俗博物館、二〇〇八年

第三章　塩津起請文の世界

濱　修

一、塩津港遺跡と出土木簡

最古の起請文

塩津港遺跡は平安時代末の港湾《こうわん》遺構と同時期の神社遺構が見つかった全国的にも類例のない遺跡である。港湾遺構は琵琶湖を多様な工法で大規模に埋め立てて、船着き場や桟橋《さんばし》のほか道路や建物を構築し、その埋め立て土からは当時の塩津の繁栄を物語る多様な遺物が出土している（本書第一章）。また、神社遺構からは大量の中世木簡《もっかん》が出土し、その多くが起請文木札《きしょうもんきふだ》でこれも全国では初めての例である。港の繁栄と神社は有機的に関連し、起請文木札も港の繁栄と大きく関連したものである。『万葉集《まんようしゅう》』や『延喜式《えんぎしき》』などの文献史料には古代・中世の塩津の港が多く登場するが、その実態は詳らかでなかった。それが、近年の発掘調査で平安時代末からの港湾都市の実態が明らかになり、神社から出土した木簡からそこに生活する民衆の生活や信仰も解明されることなった。とりわけ神社から見つかった起請文木札は、これまでの起請文研究史に大きな発展をもたらすとともに、当時の民衆の精神思想を解明する重要な史料である。ここでは出土した起請文の内容を解明し、中世成立期の塩津の民衆の思想と暮らし、それを取り巻く中世社会の生活史の一端に迫りたい。

塩津港遺跡からは約六五〇〇点の木簡が出土している（写真3—1・2・3）。その内訳は港跡から約五〇点、神社跡の一次調査で約五五〇〇点、二次調査で約五〇〇点である。港跡からは施設を造る埋め立て土から「皇后宮《こうごうぐう》」の荷札《にふだ》木簡や呪符《じゅふ》木簡、卒塔婆《そとば》などが出土しているが、起請文木札は一点も出土していない。神社跡から出土した木簡はおもに神社を取り囲む堀から出土し、そのほとんどは起請文木札でそのほか卒塔婆、呪符木簡、付札《つけふだ》、文書木簡、牓示札《ぼうじさつ》、柿経《こけらきょう》、将棋駒《しょうぎこま》などである。起請文木札は約四五〇〇点でそのうち文字の判断できる木札は一八〇〇点余りで、残りは文字が確認できないが形状や出土状況から判断して起請文木札としている。本章では神社跡一次調査の調査成果を中心に述べる（県・協会二〇一九）。

神社跡から出土した木簡は供伴する遺物から古い順に①第二面の一一世紀末から一二世紀初頭、②第一面の一二世中葉から一二世紀末、③近世面と大きく三時期に区分できる。第二面は神社の第一段階の時期である。木簡は神社の四方を区画する南堀から、七文字ほど確認できる木簡が出土しているが内容は判読できない。また、新たに掘削された南堀からは二八点の木札が出土しており、文字はまったく確認されていないが形状や出土状況から起請文木札としている。北堀から五点の木簡が出土している。いずれも木札状の木簡で二点は完形品である。その一点の文字は確認できないが、もう一点は文字の配列や形態から古い時期の様相を示す木札である。これらが起請文木札とすると最古の起請文となる。

写真３－１　起請文木札出土状況１

堀上層（有機質層）。保元二年（1157）、平治元年（1159）、永暦元年（1160）記載の起請文木札が出土。

写真３－２　起請文木札出土状況２

堀下層（砂層）。保延三年（1137）記載の起請文木札が出土。

写真３－３　木札出土状況

このほか北堀からは「熊野三所権現　日吉山王《さんのう》権現」と二行で記す権現札《ごんげんふだ》、文字は確認できないが頭部に刻みを持つ荷札、附鎵《ふろく》を描く呪符、「南無法蓮華経《なむほうれんげきょう》」と記す卒塔婆などが出土している。

第一面出土の木簡は二面の南堀が埋まった後、その外側に新たに掘削された南堀から九割以上出土している。牓示札と思われる横木取りの木札や箇頭に「海運守護」と記す木札、荷札、呪符木簡、卒塔婆、将棋駒なども出土している。同じ第一面の南西地区で検出した第二施設の堀からも八点の起請文木札のほか、荷札や将棋の駒など合わせて一〇数点の木簡が出土している。なお、神社遺構の第二次調査（二〇一八年度実施）の第一面の調査で南堀と東堀の続きが検出された（安土博二〇一九）。見つかった南堀は土橋《どばし》を挟んで神社正面に向かい右側（東側）である。起請文木札は神社の南堀の正面に向かって左側（西側）から九割以上出土していることから、意図的に正面左堀に廃棄したと思われる。

最上層の近世面では近世の包含層や流路から卒塔婆、柿経、付札が出土した。なお、第二面のさらに下層には第三面とする八世紀から九世紀後半の遺物包含層が確認されているが木簡の出土はない。

二、塩津起請文の発見

起請文とは何か

起請文とは神仏に誓いを立て、その誓いが嘘であった場合、間違っていた場合に神仏の罰を受ける旨を記した宣誓書である。佐藤進一氏は前半の遵守《じゅんしゅ》すべき誓約を述べた部分を起請文の「前書《まえがき》」、後半の神仏の勧請及び呪詛文言《じゅそもんごん》を「神文《しんもん》」といい、また起請文は神を祭る文章である「祭文《さいもん》」と、事を発起しその実行の許可を請う文章である「起請」が一体となって、一二世紀前半に発生したとする（佐藤一九七二）。平安時代末に成立した起請文は、荘園制下の領主と農民との争論、武家社会の領土の保証、戦国時代の大名同士の契約などに用いられ、鎌倉時代から戦国時代に盛んに使用され、その後、江戸時代には衰退する。史料に残る起請文は『平安遺文《へいあんいぶん》』（以下平に省略）『鎌倉遺文《かまくらいぶん》』に掲載されているもので七六〇点余あり、近世文書まで含めると数千点はあると思われる。起請文の研究は中田薫氏の明治から昭和初期の成果に始まるとされ（中田一九四三）、これまでに膨大な研究史がある。研究は牛王宝印《ごおうほういん》などの形態論研究、古文書学、荘園制下での社会構造論史、神仏やカミの世界からの思想史・精神史研究、民衆意識からの社会史的研究、参籠《さんろう》起請などの法制史研究、文化史研究など多方面にわたる。

本章では研究史を精査する余裕はないので、主な論点を必要に応じ取り上げる。

塩津起請文木札の特徴

神社遺構から出土した大量の木簡はそのほとんどが起請文である。本論では大量に出土した起請文木札の特徴や記載された内容を紹介したい。なお、塩津港遺跡出土の起請文木札に記された起請文を「塩津起請文」と称する。

塩津起請文木札にはいくつかの特徴があげられる。

①起請文は縦長の木札に書かれている。

②木札の文字はほとんどが風蝕《ふうしょく》による浮き文字であることから、長期間屋外に掲示されていたらしい。

③木札は神社を囲繞《いにょう》する特定の堀に廃棄され、その多くが刀傷《かたなきず》を受けている。

④木札に書かれた起請文の出土例は初めてである。

⑤これまで最古の起請文といわれてきた「久安四年（一一四八）三春是行起請文」（平二六四四）より一一年も古い年紀を記す、「保延三年（一一三七）七月二九日草部行元起請文」の木札が存在する。さらにこの木札が出土した遺構の下層遺構からも木札が出土している。

⑥起請文の書式は箇頭句《かんとうく》、事書《ことがき》、神文《しんもん》、誓文《せいもん》、罰文《ばつもん》の一定の形式で書かれ、二〇〇字前後の長文で記され、読みやすくするために段落を区切って記している。

⑦誓文の内容から発見された港跡の最盛期とほぼ同時期の木札で、物資の運搬に関する内容が中心を占める。

次に、それぞれの特徴についての説明を加える。

木札の形状は完形品で全長一七〇センチ前後、幅約一五センチ、厚さ約一センチの長大な木簡で、最長の木札は二二〇・九センチもある日本最長の木簡である。角材を製材したヘギ板を用いて成形し、文字を記す表面を槍鉋《やりがんな》で平滑にし、裏面は未調整のままである。形状は頭部が平型、丸型、圭頭《けいとう》型の三種類で、下端部は尖《とが》らせたもの、羽子板状の柄になるもの、羽子板状の柄の先端を尖らせたものなどがある。下端部には左右からV字の刻みを入れるものも数例ある。そのうち一点は切れ込みを利用し紐《ひも》でくくった痕跡が残る木札がある。形状はすべて縦長で、長方形の横長の板に書かれた起請文木札はまったくない。この形状は文字の多い木札は二五〇字ほど書かれているため、縦長のヘギ板を成形することが最も簡単で、かつ多量に加工することができたためだろう。縦長で下端を尖らせたものと羽子板状の柄《つか》にしたものがあるが、いずれかの場所に立掛けたか掲示したことを示す。羽子板柄状は神前で木札を掲げ持ち、神に対面させるためであろうか。また、船を漕ぐ櫂《かい》にも似ている。

木札の文字は墨跡が残るものはまれで、風蝕により墨が消え文字の部分が浮き文字になっている。石川県堅田《かたた》B遺跡出土の鎌倉時代の巻数板《かんじょういた》の文字も風蝕による浮き文字である（金沢市二〇〇四）。巻数板は基本的に正月八日の修正会《しゅじょうえ》の結願《けちがん》日に一年の無病息災を願い屋敷地の門口などに掲示し毎年更新する。堅田B遺跡の巻数板が浮き文字であったことは最低一年で風蝕化する可能性を示している。塩津起請文札も最低一年以上屋外に掲示されていたことがわかる。また、木札は半ば付近で切断されたものや、細分化されたものがほとんどである。完形品でも両側面に切断痕が残る。港跡から多数出土している腰刀など強力な刃物で意図的に切断したと思われる。堀に廃棄された後も、長い木札は上から踏みつけられたように折れた形状のものもある。第一面の南堀からは船に祀られていたと思われる「海運守護」の船札や「南無阿弥陀如来《なむあみだにょらい》」「南無五大力菩薩《ごだいりきぼさつ》」などの卒塔婆も出土している。卒塔婆に記された仏は十二仏と思われ、正月に門口や集落の入口に祀る巻数板の祭祀に付随する卒塔婆ではなかろうか。そうであれば、これらの木札は港街や周辺集落からも神社の堀にお札納めに来たと思われる。

木札に書かれた起請文

木札に記された起請文が出土した例は初めてである。起請文は紙に書かれるものと考えられてきた。文書資料では数千点の起請文があると思われる。

木札に記された起請文は和歌山県粉河《こかわ》町鞆淵《ともふち》八幡神社の「正平一二年（一三五七）三月三日鞆淵惣荘置文《おきぶみ》」があるとされる（千々和二〇一一）。この置文は鞆淵荘で起こった混乱で田畠《でんばた》所有に関する古文書を紛失したり焼失したが、この混乱に乗じ土地の所有を主張してきても一切認めない旨を記し、そのあとに神文と罰文を書く置文である（和歌山県一九七五）。この置文は横長の板で、鞆淵荘の惣村《そうそん》の神社に掲げ荘民がつねに確認していたものであろう。書式は誓約文（末代までの約束事）＋神文＋罰文の形式に則ってはいるが、塩津起請文のような個人が神仏に誓約する起請文とは異なり、いわゆる共同体の覚書である。

また、愛知県普門寺《ふもんじ》の「永暦二年（一一六一）正月二四日僧永意起請木札」は縦と横が（三二・八）×一一六センチで上部が欠損するが横長の木札で、江戸時代の写本が近年発見されその全容が報告されている（上川二〇一二）。この起請木札は三か条から成る戒律教導《かいりつきょうどう》的な寺法で、後半に神文と罰文に類する文言が記されて広い意味での起請文と言えるかもしれない。この二例は起請文の形式に類似するがあくまでも惣村《そうそん》や寺の置文であり、形態も横長の木札である。塩津起請文は縦長の形状の木札に記すこと自体に意味があった。

祭文的木札から起請文木札へ

出土した木簡の時期は供伴して出土した土器や木簡記載の年紀から判断した。時代別では下層の第二面が一一世紀末から一二世紀初頭の時期で、出土遺構は神社遺構の南堀と北堀からである。この時期の堀から出土した木簡で文字の確認できるものは三六点のうち六点のみで、四点が木札で各一点

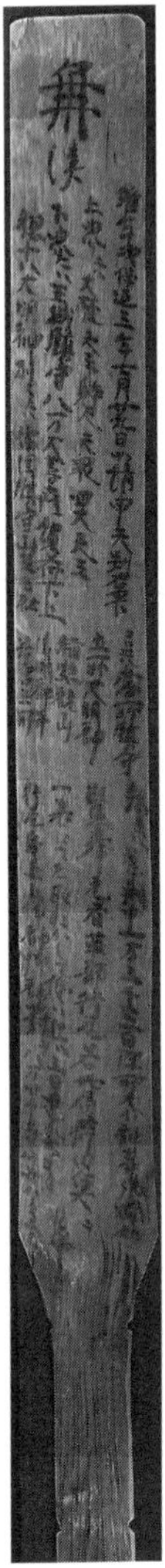
写真3—4　草部行元起請文の赤外線写真（木札13—346）

は文書木簡と荷札木簡である。上層の第一面が一二世紀前葉から一二世紀末までの時期で、木札の出土遺構は第一施設の鳥居外側の南堀、第二施設の南堀、東堀、中央堀である。最古の年紀を記す「保延三年（一一三七）草部行元起請文」は第一面の南堀の下層から出土している（写真3—4）。起請文木札の九割以上がこの堀から出土している。

古い様相を示す起請文木札は下層遺構の北堀出土からほぼ完形品の木札が二本出土している。二点とも上層出土の一二世紀中葉以降の定型化した起請文の形態とは大きく異なっている。一本は全長一五九センチで下端部は両側面をわずかに狭め、両側から紐くくり用の二段のV字の刻みが入る。この形状は類がない。文字は浮き文字の痕跡が三行確認できるが、劣化が進みまったく判読できない。もう一本も形状が特異で全長一九一・四センチの下端三分の一を串《くし》状に削り尖らせている（図3—1）。文字はすべて浮き文字で上部の三分の一に五〇字程度確認できる。判読できる文字では、「大歳」は一二世紀中葉以降の起請文では事書の記載年月日の冒頭にくる。「八幡大菩薩」は王城鎮守神の筆頭神である。「七社」は近江国の日吉山王七社であろう。箇頭句はなく神仏の配置も定型化していない。肝心な下半の誓文・罰文が書かれると思われる部分に文字は確認できない。下半に誓文と罰文が確認できると一二世紀前葉にさかのぼるまさに日本最古の起請文となる。

図3―1　下層出土（北堀）（木札17―1）

早川庄八氏は起請の語を有し、かつ誓約文言と呪詛文言をともに有する最古の起請文は永久四年（一一一六）「本師慶救起請遺言」（平一六三三）であるとした（早川一九九七）。それと同時期の最古の起請文になってしまう。下半に誓文、罰文が元から書かれていない木札で、起請文でなく神仏のみを勧請した「祭文《さいもん》木札」とすべきであろうか。同じく下層遺構の南堀から出土した二八点の木札を形状から起請文木札とした。頭部の形状は丸型・圭頭《けいとう》型・平型で下端部は尖らせるものが多い。刃物による切断痕は認められる。墨文字も浮き文字もまったく確認できない。浮き文字が残らないことは長期間戸外にさらされていなかったためであろう。墨文字は劣化によって消滅したと思われる文字がないことから起請文木札とは断定できない。

白木の木札を祭祀に使った可能性はないであろうか。『年中行事絵巻』の祇園御霊会《ぎおんごりょうえ》の巻では細長い木札を担いで洛中《らくちゅう》を駆け回る民衆が描かれているが、その木札には文字は記されていない。祇園会に参加した民衆が神前に無文の木札を奉納する、そうした使われ方もあったのではないか。

最も新しい年紀は第一面南堀出土の木札に建久三年（一一九二）の記載がある。南堀の上層から出土していることから、この時期まで堀は機能していたことになる。元暦二年（一一八五）の比叡山南麓を震源とする京都大地震で琵琶湖の水が逆流した記録がある（『山槐記』）。この時、神社も破壊された可能性はあるが、起請文札によると地震の七年後も神社の堀はあり、木札を廃棄する機能は継続していた。

一二世紀中葉から一二世紀末の上層の第一面出土の起請文の書式はほぼ定式化している。起請文の成立といってよいであろう。以下その詳しい内容について検討したい。

塩津起請文の書式と時代背景

塩津起請文の書式は簡頭句《かんとうく》（木札の筆頭に記された語句であることから仮称した）、事書《ことがき》、神文《しんもん》、誓文《せいもん》（確言）、罰文《ばつもん》の順に二〇〇字前後の文字で記載されている。また、長文を読みやすくするために、段落に区切って、簡頭句、事書、神文（長い神文は二段落）、誓文、罰文、再度年号を記す例もある。

起請文の書式であるが、従来から言われてきた「前書《まえがき》＋神文」（佐藤一九七二）は天判《てんぱん》型の書式とされ、「神文＋確言（誓文）＋罰文」は勧請《かんじょう》型として区分している（千々和二〇〇五）。塩津起請文は「前書＋神文」の形式の起請文は一例もなく、すべて「神文＋誓文（確言）＋罰文」から成る勧請型の起請文である。

箇頭句は三二点確認できたが「再拝《さいはい》」「再拝々々」「再拝穴賢《あなかしこ》」など再拝が箇頭になる木札が二六点で、残りの六点は天判を請う「請申天判」などの語句である（写真3—5・6）。先に、起請文には勧請型起請札と天判型起請札の二型式があることを述べたが、再拝は神前において神に篤く拝礼する意味で、起請文木札が神前に掲げられ自身の潔白を誓う内容

写真3－5　再拝浮き文字
（木札13-112）

写真3－6　請申天判浮き文字
（木札13-126）

で、天判は神前で天（神仏）の判断を請う起請文である。再拝が多く記されていることは勧請した神仏の前で、起請文を読み上げたに違いない。文書に残る再拝の例は「治承三年（一一七九）後白河法皇参詣《さんけい》祈念《きねん》祝詞《のりと》」（平補三八八）に「再拝々々」を掲げる祝詞がある。塩津起請文では「再拝」は「保延三年（一一三七）草部行元起請文」にあり、「再拝々々」は「壬戌年（康治元年・一一四二）起請文に記されている。再拝から神文で始まる塩津起請文は祝詞や祭文の影響が強く残り、勧請された神仏の姿が見える。文書史料の初期起請文には再拝から始まる起請文はほとんどなく、「久安四年（一一四八）三春是行起請文（平二六四三）」や「永暦元年（一一六〇）藤原景遠起請文（平三一〇五）」はいずれも「申請天判事」である。天判起請文は神仏の前で誓約の祭祀をしなかったかもしれない。塩津起請文は発掘された神社の神前で起請文の誓約を確約したのである。

　古文書の形式に則り、事で終わる事書のある起請文は二例のみで、多くは起請した年月日を記している。あくまでも神前でじかに読み上げるために事書はさほど重要ではなかったのであろう。記載された年紀が判読できる木札は二五例あり、保延三年（一一三七）から建久三年（一一九二）年までの五六年間である（表3―1）。とりわけ久寿二年（一一五五）から永暦元年（一一六〇）の六年間に一四回と半数以上が集中し、保元二年（一一五七）、平治元年（一一五九）、永暦元年（一一六〇）はそれぞれ四本の年紀を記す起請文が存在する。この

表3-1　塩津起請文　年紀一覧

No.	年　紀	報告書No.	図録頁	点数	西暦
1	保延三年七月廿九日	F13-346	43	1	1137
2	壬戌（康治元年）	F13-94		1	1142
3	甲子年ヵ（天養元年）	F13-7		1	1144
4	乙亥久壽二年二□	F19-2		1	1155
5	乙亥久壽二年二月廿四日	F13-3		1	1155
6	丁丑六月十日	F13-111	41	1	1157
7	丁丑保元二年四月五日	F13-108		1	1157
8	保元二年七月廿二日	F13-93	33	1	1157
9	保元二年八月六日	F13-109	39	1	1157
10	己夘平治元年六月十六日戊辰	F13-112	42	1	1159
11	己夘平治元年六月廿四日	F13-101	35	1	1159
12	己夘平治元年九月十四日甲午	F13-103		1	1159
13	己夘平治元年十月	F13-102		1	1159
14	庚辰永暦元年四月十日	F13-104		1	1160
15	庚辰永暦元年六月十一日戊午	F13-105	38	1	1160
16	永暦元年六月	F13-347	44	1	1160
17	永暦元年十月八日	F13-113		1	1160
18	永萬元年	F13-115		1	1165
19	戊子年仁安三年七月十八日丁丑	F18-1	45	1	1168
20	承安四年ヵ四月ヵ	F13-138		1	1174
21	治承五年六月十九日	F13-110		1	1181
22	元暦二年	F13-13		1	1185
23	文治三年	M2		1	1187
24	建久二年辛亥五月二日	F13-5-2		1	1191
25	建久三年	F13-4		1	1192
26	二年八月十九日	F13-143		1	
27	四年八月五日	F13-146		1	
28	二月廿二日戊午	F13-147-1		1	
29	□年五月八日	F13-137		1	
30	五（月）五日	F13-141		1	

図3-1　記載月

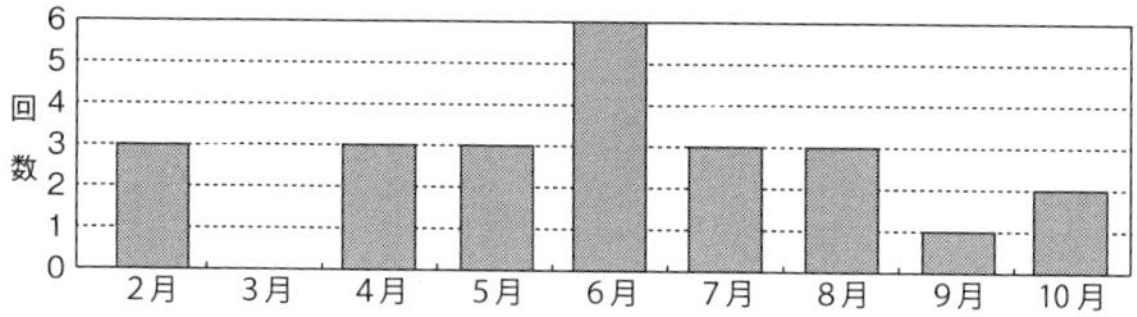

時期は港湾が活発に拡張された時期であり、都では院政のもとで平家が政権を掌握する時期とも一致する。

第一面の木札で頭部の遺存しているものやほぼ完形品に近いものがおよそ五十数点あることから、単純に計算すると五六年間に起請文の祭祀が年間一回以上は実施されていたと思われる。また、木札には月日の記載が二四例あるが、四月から一〇月に集中する（図3—1）。一一月から一月までは起請文祭祀が行われていない。

治暦《じりゃく》元年（一〇六五）九月一日「太政官符《だじょうかんぷ》写」（平補二七三）には（同じ内容の申状が鎌倉時代の弘安一〇年（一二八七）七月三日「越中守源中経申状」（『鎌倉遺文』一六二九〇）に再録されている（五章—一）。北陸道から運上する調物は九月から三月までは陸地では雪が深く、海路は波が高いため、近江では塩津・大津・木津の港に荷物を留め置かれた。そのため、港やそこでの物資を管理する下役人である津の刀禰《とね》が通行税などと称して留め置き物資の保管料を取っている。これを禁じた官符で、津の刀禰の専横は鎌倉時代まで続いていた。太政官符から冬の期間は北陸から塩津へ物資の運搬はなく、さらに塩津起請文には冬の期間の記載がないことから、塩津では冬には起請文の祭祀が行われていない。

この史料からも塩津起請文のいくつかが物資の運搬に関連する誓約であることがわかる。下級役人である津の刀禰の暗躍は、在地の末端組織まで近江国府や中央官庁でも管理ができない状況であったようだ。

三、塩津起請文の神文、誓文、罰文

神仏を呼び寄せる神文

神文《しんもん》は起請文の誓いのために勧請した神仏を書き記したものである。塩津起請文の神文は「先」「先始」「奉先」など神仏を勧請する語句から始まる。上界、下界と明確に分離され、神仏の序列、上下関係が貫徹されている（表3―2）。上界では古代インドの神々である梵天《ぼんてん》・帝釈《たいしゃく》・四大天王から始まり、古代中国の道教の神である閻魔《えんま》・五道大神《ごどうだいじん》・日月五星、下界では王城《おうじょう》鎮守‐当国鎮守‐当郡鎮守‐当所鎮守と続き、上界の世界から地上の在地社会の神仏まで序列化されている（入間田一九八六）。

上界の神仏は梵天・帝釈が三〇例、四大天王が一一例、五道大神・閻魔法王が各七例、日月五星・二八宿が各五例、三界九居《くこ》が三例、司命《しみょう》・司禄《しろく》・泰山府君《たいざんふくん》が各一例である。釈《しゃ》迦《か》尊を護る梵天・帝釈・四大天王、道教《どうきょう》や陰陽道《おんみょうどう》の影響を受けた神仏は五道大神・閻魔法王、日月五星、二八宿、三界九居、司命・司禄、泰山府君である。上界の神仏は梵天または梵天帝釈が必ず筆頭に勧請される。二番目に勧請される神仏は五道大神が五例、四大天王が三例であるが、五道大神が二番目になる場合は四大天王が天上神の最下位に列している。閻魔は七例と多いが五道大神や日月五星などより下位に列しており、一例であるが下界の神仏列に配置されている起請文もある。閻魔の眷属《けんぞく》である司命・司禄と泰山府君も勧請される。司命・司禄は閻魔王の従者とされ、泰山府君は道教の主要な神とされ陰陽道の主祭神でもある。石山寺所蔵文書の「永暦二年（一一六一）八月一三日沙門覚西起請文」（平三一六〇）では太仙府君・司命司禄の神が記されている例がある。神社本殿裏の北堀の南斜面で検出された祭祀跡の遺構は『春日権現験記絵』に描かれた陰陽法師の邪気払いと同じ土師器皿や注連縄《しめなわ》、幣串《へいぐし》などが出土し、陰陽道の祭祀跡とされていることから、塩津起請文に陰陽道の神が勧請されていてもおかしくはない。神道・仏教・道教・陰陽道など渾然《こんぜん》一体となった神仏習合《しんぶつしゅうごう》で平安時代末期の地方神社の様相がうかがえる。

下界の神仏は王城（都）鎮守神・当国（近江国）鎮守神・当郡（浅井郡）鎮守神・当所（塩津）鎮守神が順番に勧請される。王城鎮守神は石清水八幡が二〇例、賀茂上下が一四例、祇園八例、稲荷、春日が各五例、住吉三例、松尾、平野が各一例、□山（赤山《せきざん》か）が二例、八大明神三例、十八大明神が九例である。□山を除いていずれも二十二社である（表3－2）。二十二社は平安時代の国家神祇《じんぎ》体制により編成され、序列化されている（岡田一九九四）。

表3-2　塩津起請文　神仏名一覧

No.		起請文記載名称	現状名称	所在地	二十二社順位	点数
1	上界	大梵(凡)天王・梵天(大)帝釈(尺)など	梵天・帝釈			30
2		四大天王(四大王)	四天王			11
3		炎魔法王	閻魔法王			8
4		五道大神	五道大神			7
5		日月五星	日月五星			5
6		三界	三界九居			3
7		廿八宿	二十八宿			5
8		泰山府君	泰山府君			1
9		司命司禄	司命司禄			1
10		六所大菩薩・(虚空)十人など	その他			7
11	下界 王城鎮守	八幡大菩薩・八幡三所	石清水八幡宮	京都府八幡市	2	20
12		賀茂(加茂)下上・賀茂(加茂)上下	上賀茂・下鴨神社	京都市	3	14
13		祇園・祇園牛頭天王	祇園社	京都市	19	9
14		稲荷・稲荷三所	稲荷大社	京都市	6	5
15		春日・春日大明神	春日大社	奈良市	7	5
16		北野	北野天満宮	京都市	20	3
17		住吉	住吉大社	大阪市	14	3
18		松尾	松尾神社	京都市	4	1
19		平野ヵ	平野神社	京都市	5	1
20		□(赤)山ヵ	赤山禅院ヵ	京都市		2
21		十八大明神				9
22		八大明神				3
23		諸大明神				3
24	当国鎮守	山王七社・山王七社部類眷属・山王権現部類眷属	日吉大社	大津市	15	24
25		武建マ	建部大社	大津市		3
26		兵主	兵主神社	野洲市		3
27		三神・三上四所大明神・御神四所大明神	御神神社	野洲市		3
28	当郡	竹生弁才天女・竹生嶋弁才天女・竹生弁才・竹生神社	都久夫須麻(竹生島)神社	長浜市(旧浅井郡)		12
29	当所(当庄)	塩津五所大明神・五所大明神	不明	長浜市西浅井町塩津(旧浅井郡塩津)		16
30		稲懸祝山	不明			9
31		津明神	不明			4
32		若宮三(参)所	不明			5
33		諸大明神				1

いずれも二十二社の上位にある京都及び周辺の有力な神社が名を連ねている。二十二社の最上神は伊勢神宮であるが、起請文には一三世紀後半でないと勧請されないため、塩津起請文にも記載はない。伊勢神宮の祭神であるアマテラスは当時の人々が起請する対象ではなかったとされる（上島二〇一〇）。祇園が八例と多いのは一一世紀末に近江の延暦寺の末社となった関係であろう。塩津起請文が延暦寺＝日吉山王の影響力が強いことが想定できる。住吉は大阪の住吉大社で港のつながりで登場したのであろう。二十二社に最後に加えられた日吉は近江国の筆頭神に登場するため王城鎮守神には記載されていない。

八幡＋十八大明神と一括で記載する木札も三例ある。「□山」は赤山であろうか。京都修学院にある赤山禅院は仁和四年（八八八）の創立と伝えられ、延暦寺の塔頭《たっちゅう》で皇城の表鬼門の守護とされる。本尊の赤山大明神は唐の赤山にあった泰山府君を勧請し、泰山府君が陰陽道の祖神といわれている。本殿裏で検出した祭祀跡が陰陽道の関連する遺構であり、陰陽道の祖神に関係し、延暦寺とも関係の深い赤山が勧請されても違和感はない。

当国（近江国）鎮守神の二四例すべて筆頭神は日吉山王七社でほとんどが単独で記される。山王七社・建部《たけべ》・兵主《ひょうず》・三上《みかみ》と列記する起請文が三例ある。建部は近江国一宮《いちのみや》の建部大社で、兵主神社・御上神社は野洲《やす》郡内の式内社である。建部は近江一宮であるが近江国の筆頭神として表記されていない。建部は瀬田川の、兵主と三上は野洲川の流域に位置することから、琵琶湖の湖上交通および瀬田川、野洲川や南湖の漁業権などに関係が深い神社が名を連ねていると思われる。また、石山寺文書の「永万二年（一一六六）三月二一日散位足羽友包起請文」（平三三七八）でも山王七社・建部・兵主・三神の順に記され、建部は近江国の第二神である。井上寛司氏は足羽友包起請文の「当国鎮守山王七社王子眷属建部兵主三神大明神」から建部は山王七社の次席でありながら、近江国鎮守＝一宮＝建部神社と規定している（井上二〇〇九）。塩津起請文では当国鎮守の筆頭神はすべて山王七社である。平安時代後期の近江の起請文では二十二社の一員である日吉山王社が建部神社よりも上位に位置付けられている。一二世紀中葉の時期には日吉社が近江の国鎮守で、建部が近江の一宮と認識されるのは井上氏が建部を近江の一宮であるとする根拠としている「当国ノ一宮建部社ニ陣取」（『源平盛衰記』）が記された鎌倉時代以降ではなかろうか。平安時代後期の人々の近江一宮の認識は日吉山王社であった。日吉山王社は塩津起請文の誓約内容にある物資の運搬に関した運送業者を支配下に納め、琵琶湖の湖上交通の実態を掌握していた可能性が高い。

次に、当郡鎮守神は塩津の地が当時は浅井郡であったことから、竹生島の竹生弁才天が勧請される。竹生弁才天が当時から在地の守護神仏であったことがわかる。ちなみに記載文字は「弁才天」で「弁財天」はない。竹生島弁才天奉祀に関する史料は『慈恵大僧正拾

写真3―7　五所大明神浮き文字・切断された木札（木札13―126）

遺伝』〔長元五年（一〇三二）成立〕とされ、一二世紀中頃の諸々の史料で、竹生島における弁才天の垂迹《すいじゃく》が詠われていたとされる（大川原二〇〇八）。塩津起請文には竹生島弁才天女や竹生神社など竹生島に関しては一二例の記載がある。竹生弁才天で年紀のわかる起請文では保元元年（一一五六）が三点、丁丑年（一一五七）が一点、永暦元年（一一六〇）が一点、仁安三年（一一六八）が一点ある。この木札から一二世紀中頃には確実に竹生島弁才天女の存在が民衆の中に認識されていたようだ。

在地である当所塩津の鎮守神は塩津五所・稲懸祝山・津明神・若宮三所の四神が勧請され、筆頭神はつねに塩津五所で、記載の序列も上記のとおりである。五所大明神と記す例もあるが、塩津五所大明神の記載例からこれも塩津五所大明神を省略したものである（写真3―7）。

現在、塩津浜に塩津《しおつ》神社があるが祭神は塩土老翁《しおつちおじ》を主祭神に彦火火出見尊《ひこほほでみのみこと》、豊玉姫尊《とよたまひめのみこと》の三柱である。起請文にある塩津五所大明神との関係はわからない。また、本殿の北と東の堀から五体の神像が出土しているが、塩津五所の御神体が五体の神像と考えることもできる。稲懸祝山の祝山は現在も同名の祝山《ほりやま》の集落が存在し、香取五社が祀られる。稲懸の地名は周辺には見当たらない。なお、塩津浜の北東に位置する集福寺集落に下塩津神社がある。三番目に記される津明神は湖岸に立地する神社そのものの名前で、遺跡から見つかった神社の可能性もある。若宮は塩津で新しく生まれた神社であろう。いずれにしても、発見された神社の名称を特定する決め手は現状ではもちえない。

誰が何を誓約したのか

次に誓文《せいもん》である。起請文では最も重要な本質にかかわる部分である。「だれが？」「何を？」「どうする？」かが問題である。塩津起請文では文字のほとんどが浮き文字となっており、肝心な誓文の部分が非常に解読困難である。そのため、限られた情報での分析になる。

まず、塩津起請文で読み取れる人物はおよそ三〇人あり、そのうち二十数人が起請した人物である。起請人の多くは一人であるが、中には六人、三人、二人の起請人が記される木札もある。以下はこれら登場人物である〔注：□は判読不明文字、（　）は推定文字である。〕。

□（橘）是里・（橘近大）□方元□、藤次主、橘女弟子、佐々木又安・伴貞光・かも是正・

蔵部依次・丹（之安草）・（寅部）成包、安部（国安）・（伴近清）、菅原有貞・（小酒）部（友）□・（同）□、三川安行、穴太武次、（文）光房、（乙）戸女子、安実主□足、草部行元、清□・藤井熊犬之、藤井末真は起請人と思われる。佐々木や穴太など近江にゆかりのある人物も存在するし、中世文書に菅原や賀茂などの姓は出てくるが、姓名が一致する人物の記録はない。中には橘女弟子や（乙）戸女子など女性の起請人も存在する。史料の起請文を一見したところ女性が誓約している起請文は確認できない。とすると、起請文における起請人としては初例になる。

起請人ではないが（藤）判官、山口判官、小色□藤太・小熊などの人物は関連する人物である。そのほか姓名は不明であるが、我妻子、塩津房主、（追捕）使、（験《（検）》校）殿下人、（けんけう）《（検校）》殿などの職名なども記載されている。塩津房（坊）主、（追捕）使は保元二年七月二二日藤次主起請文に記される。

誓いの内容とは

さて、何を誓約したのであろうか。誓文に多くは物品が登場する。「御米」「御庄供米」「千僧供米」「佐佐米五頭（斗）」「白米二升」など米に関わる語句が九例と最も多く、残りは各一例であるが、魚、布、糸、（綿絹）、刀、烏帽子《えぼし》、具足、（塩）など物資に関係するものである。それらの物資の何を誓ったのか？　誓いの文言の後半は「盗人」「盗取」「取候」「取不取」「若盗取タルヲ不取」「取なかして候ハ」など「取」や「盗」の語句が頻出することから、「米や魚を盗まない、盗まれない」と誓っている。

「保延三年七月二九日草部行元起請文」（釈文1）は完形品で墨書が明確に残ることから、この起請文からなぜ塩津の地で最古の起請文祭祀が行われていたか塩津起請文の全体像が解読できる。箇頭の再拝から始まり、上界の神仏・下界の王城鎮守・当国鎮守・当所鎮守神の勧請、誓文、罰文で終わる。誓文は「負荷内魚ヲ一巻にて毛取なかして候ハ」とある。「請け負った荷物の魚一巻も取り流す（失う）ことはない」の意である。この誓文の「負荷」「魚ヲ一巻」「取り流す」から、この起請者は北陸からの荷物（魚）を請け負って塩津から大津へ運搬する琵琶湖の水運業者（船主）であることが想定される。

　また、水野章二氏は序章でも述べているが、魚一巻からこの魚は鮭《さけ》と想定している。戸田芳美氏は北陸から敦賀、深坂峠を越え塩津、大津、京に運ばれる鮭を「鮭の道」と称した（戸田一九九二）。貢納物としての鮭に関する史料は幾つか残されている。東大寺の御封代として、鮭を合せ三二七八隻半進上している記録（平六六三）や越中から鮭五隻を都の院宮諸家の封戸《ふこ》代として送っているなどの記録もある（平補三二三）。また、『宇治拾遺《しゅうい》物語』十五「大童子鮭《だいどうじさけ》ぬすみたる事」には「越前から運ばれた鮭が京の粟田口《あわたぐち》で、ひったくり泥棒に出会った」説話が記されている。

こうした史料から、古代から中世には北陸から塩津を経由し、京の都に鮭が頻繁に運ばれていたことが明らかで、戸田氏のいう「鮭の道」の存在が浮かび上がる。若狭から京への「鯖《さば》街道」、富山から信州への「鰤《ぶり》街道」とならぶ三大魚街道である。「建久二年五月二日起請文」(釈文4)に「右件布若取盗」とあり「布を盗まれない、盗まない」と誓約している起請文である。この布もおそらく各国衙《こくが》領や荘園などからの貢納品であろう。

「御米」は明らかに貢納米であるが、その詳しい流れは読み取れない。各荘園の所領からの領主への貢納米であろう。「平治元年六月廿四日佐々木又安など六人起請文」(釈文3)には「御庄供米」「一升若二三升にても」「此六人カ中にも取候」などの記載があり、いずれかの荘園から領主に運上する年貢米の運送を請け負ったと思われる佐々木又安など六人は一升たりとも盗まれない、盗まないと誓っている。この起請文は最も多い六人が誓約し、木札の長さも二二〇センチ余と最大である(写真3—8)。「(文)光(房御)房千僧供米起請文」は「千僧供米五……米十石五斗」とあり、文光房が比叡山の所領からの貢納米に関する起請文であろうか。千僧供米は先祖供養のため比叡山延暦寺などの僧侶への供物として使われたものであろう。

『延喜式』主税上諸国運漕雑物功賃には、若狭を除く北陸の物資を敦賀から塩津へ運び、琵琶湖を船で縦断し、大津から京へと運搬する功賃が記されている(本書序章)。琵琶湖を

写真３-８　木札13-101
再拝々々浮き文字／平治元年浮き文字

運搬する船は船頭一人、船員四人で五〇石の米を運ぶこととされている。平安時代後期においても琵琶湖の水運を利用して権門の所領・封戸などから貢納米を運んでいたことになる。

港跡の調査では皇后宮の封戸に関係する荷札木簡が出土している（濱二〇一四）。出土遺構は港建設の埋め立ての埋土で時期は一二世紀後半である。長さ七・八センチの荷札で、表裏に記されている。「皇后宮御封米《ふうまい》」「代十石栗毛母馬」と書かれ、皇后宮の御封米一〇石の代わりに栗毛の母馬を収めると記した荷札である。皇后宮をはじめとする貴族の封戸の封米をはじめとする貢

釈文

1　保延三年七月廿九日草部行元起請文（木札13―346）

維年次保延三年七月廿九日以請申天判事　當所鎮守《コトニハ》　惣《天ハ》日本朝中一万三千七百餘所大小神等御前始
上界《ニハ》大梵天王帝尺天衆四大天王　五所大明神　驚奉元者草部行元若此負荷内魚《ヲ》
「再拝
下界《ニハ》王城鎮守八幡大菩薩賀茂下上　稲懸祝山　一巻《にて》毛取なかして候《ハ》近《ハ》三日遠《ハ》七日内
惣十八大明神別《シ天ハ》當国鎮守山王七社　津明神并　行元身上上件神御神罰《ヲ》八万四千毛口穴毎加ふるへくと申」
若宮三所

2　保元二年八月六日菅原有貞起請文（木札13―109）

先大梵天王帝尺天衆炎魔法王五道大神奉始王城鎮守　右元者若菅原有貞口表盗取候《お》不取　菅原有貞
「請天□〔判カ〕　八幡三所賀茂上下祇園□〔赤カ〕山住吉等諸大明神殊別山王権現　論申上件神祇冥道神罰冥罰及三人　□□部□□〔小酒　友カ〕
部類眷属殊當所五所大明神稲懸祝山等諸大　身八万四千毎毛孔近三日遠七日内　□□〔同カ〕
明神惣日本国中一万三千七百余所大小神祇冥道驚申也　罷可及候□仍請申天判　如件　保元二年八月六日」

3　平治元年六月廿四日佐佐木又安など六人起請文（木札13―101）

惟當歳次大歳己卯平治元年六月廿四日奉驚大日本朝中有勢無勢大小諸神□〔守カ〕

「再拜々々　奉先大梵天王始王城鎮守八幡三所奉始十八大明神當国鎮守山王七社奉始武建部兵主
三上四所大明神當□〔郡カ〕鎮守竹生弁才天女□〔弁カ〕當所鎮守五所大明神若宮三所惣日本国中大小諸□□〔神祇カ〕　＝
右之元者當□□〔御庄御カ〕米佐佐木又安伴貞光かも是正蔵部依次丹□□□□〔之安草寅部カ〕成包
＝此六人中右□〔御カ〕米《ヲ》□〔出カ〕子れに御□〔見カ〕太る米《を》見□〔にカ〕も子れに御見太る御□〔米カ〕《ヲモ》一升若二三升にても　平治元年六月廿四日」
人の取候□も見候又此六人《カ》中にも取候《ヲ》□□□□盗候もの□□□蒙神罰六人八万四千毛穴毎
近三日（欠損）□□

4　建久二年起請文（木札13―5―2）

惟當□〔歳〕次建久二年大歳辛亥驚申　下八幡大菩薩　當□〔郡カ〕守鎮惣日本　右件布若取□〔盗カ〕
「再拜々々穴賢　先奉始□〔大カ〕梵天王惣三界九居天　王城守鎮諸大明□〔神カ〕　當□□〔荘守カ〕　上下□申□□〔連建カ〕
王□〔天カ〕衆　當國守鎮山王七社　可罰近三日遠七日内
王子眷□〔属カ〕　□□□□□□〔驚カ〕□□□□〔敬白カ〕

納物が塩津に集荷されていた。当時の塩津港は馬を運搬する機能やそれに付随する馬小屋などの施設も整っていたことがわかる。

「保元二年七月廿二日藤次主起請文」は藤次主が烏帽子を塩津坊主の使いで塩津から敦賀に運び塩津に戻ったところ二頭（個）不足し、盗んだ疑いをかけられたが、盗っていない旨が記されていると読み取れる。この起請文から塩津に「塩津坊主」が存在し「追捕使」もいたと思われる。また物資の流れが、大勢とは別の塩津↓敦賀もあったこともわかる。

物品以外では「橘女弟子敬白起請文」（釈文5）は「中事」、「保元二年八月六日菅原有貞起請文」（釈文2）は「口表《くちおもて》」とある。「菅原有貞口表盗取候お不取」とあり、菅原有貞は盗んだと噂《うわさ》されているが盗んでいない、の意であろうか。「口表」は他に類例がなく文意から噂と訳した。

「橘女弟子敬白起請文」（釈文5）は文脈があまり明確ではないが、橘の末娘が山口判官氏に何事か「中事」（約束か）をしたことに間違いがない、約束を破らないことを誓っていると思われる。山口判官がいかなる人物かも興味深い。

起請文からみえてくる塩津の町

「（乙）戸女子起請文」（釈文6）の誓文の概要は「女性である起請人の（乙）戸女子は小熊家に近い南の辻で小熊某のふところから絹綿と思われる布を盗もうとしたとされるが、盗んでいない」という内容である。

5　橘女弟子起請文（木札13―100）

×□□〔有カ〕□敬白　殊別天當國鎮守山王七社　右事之元者件□□〔之藤カ〕藤判官氏手取曳天
×申王城鎮守加茂上下　當郡竹生島弁才天女　又橘氏女弟子山口判官氏申事□□□〔件　ひのカ〕
再拝々々　五道大神日月五星廿八〔幡〕　祇園稲荷三所王子春日　塩津五所大明神総天日本　□□〔候はカ〕上件勧請之神罰冥罰近者三日
宿炎魔法王四大天王　八番大ササ八大明神始　國中□〔スカ〕三千七百余所之大　遠七日内ニ八万七千毛口事罰蒙令給
□□□「　」×　小神祇×　×□　橘女弟子敬白」

6　（乙）戸女子起請文（木札13―147）

×□二月廿二日〔戊午　人中子カ〕□□□□□□□小熊□　□□□　右□之元者□〔乙カ〕戸女子小熊家ニ来テ南ノ辻ニテ
×□道〔ヲシ天カ〕□□□□□□□□□之□　惣日本　□〔乙カ〕戸女□□〔絹綿カ〕小熊カふところニテ之□□□□□□□〔ノヒ候ヒシヲハ〕取テ
×「　　」　□□□　モチ候也と又絹見テメヲキ盗取天ニテ□□
近□〔者カ〕三日遠七日内□□□カ八万四千毛口穴「　」

小熊某のふところから物を盗むという行為は、先に挙げた『宇治拾遺《しゅうい》物語』十五「大童《だいどう》子鮭《じさけ》ぬすみたる事」では「大童が盗んだ鮭をふところに隠した」というくだりを連想させる。この時期、頻繁《ひんぱん》に引ったくりが横行していたようだ。

さらに注目すべき内容は「南の辻」であるが、塩津には「辻」が成立していたと思われる。港跡の調査で後世の塩津街道となる道路跡が見つかっている。さらに遺構や遺物から造船所、製材所、鍛冶《かじ》屋、櫛《くし》屋、塗師、細工師、繁華街、遊び所、民家、役所などの存在が推定され、当時の塩津は人口数千人の小都市を形成していた。発掘された街道を中心にいくつかの辻、神社に向う辻も存在したと思われる。「辻」は中世後期の民話集の『御伽《おとぎ》草子《ぞうし》』である「物ぐさ太郎」に「辻取り」の話がでてくる。独り身の物ぐさ太郎が宿の主人に「清水寺の大門の前の辻で、男も連れず、輿車《こしくるま》にも乗らず、器量の良い女房は奪い取ってもよい」と教唆《きょうさ》され、それを実行する話である。「中世末期に至るまで清水《きよみず》や因幡堂の辻のような繁華な辻は、このような妻乞の祈誓の場であった」(保立二〇一三)として、人の集まる宗教施設周辺に辻が栄え、「辻取り」がしばしば行われていたことがわかる。

(乙)戸女子起請文において(乙)戸女子が小熊の懐から布を盗んだとされる「辻」の存在は、当時の塩津に頻繁に人々が往来する交易の場があったことがわかる。事実、第一期の神社遺構は四周を堀で囲まれているため、正面から船で参拝する形式であったが、第二期の神社は本殿裏手に土橋が構築され、歩いて参拝することができるようになった。それだけ、神社への参拝者が増加したと思われる。神社と港町をつなぐ道も、その辻も存在したと推測される。

塩津起請文の誓訳文をまとめると、誓約者は物資の運搬を行う運送業者だけでなく一般民衆や女性も起請している。誓いの内容は多くは米や魚、布、烏帽子などの物資の運搬を請負、それを盗まれない、盗まないと誓約しているものがほとんどである。物資の運送は多くは日本海ルートで敦賀から塩津に集積され、琵琶湖の水運を利用し大津、京へと運んでいると思われる。一方、塩津から敦賀に烏帽子を運んでいる例もある。また、物資を盗まれないとする誓い以外では、盗人の噂をされた、約束事を破らないことなどの誓文もある。さらに、辻でのひったくりからは塩津が小都市として繁栄していたことが読み取れる。

誓いを破った場合の神仏の罰

罰文は誓いを破ったら神仏の罰を受けても構わないとする文言である。語句の並びの前後はあるが典型的な例は「神祇冥道神罰冥道罰己身八万四千毎毛穴近三日遠七日可蒙」である。「もし神判に背《そむ》くことがあれば神罰冥罰《しんばつみょうばつ》を己の身の八万四千の毛穴から近くは三日、遠くは七日のうちに蒙《こうむ》っても構わない」とする。神祇冥道は初めに神文で勧請した諸神仏である。八万四千の思想は中国の呉越王国が阿育王の故事にならって八万四千の宝篋印塔《ほうきょういんとう》を造り外国にも送ったことが日本に伝わったことに由来するらしい（上川二〇〇九）。この場合の八万四千は数多くの、たくさんの毛穴を表現したものである。

中世成立期の民衆にとって毛穴は恐怖と直結する身体部位であり、毛穴は病気の進入路であり、さらに病気は神仏の罪の現象形態である（黒田一九八九）。また、「毛穴、近三日遠七日」の史料は「永暦元年（一一六〇）八月の近江国某廐住人等解」（平三一〇二）が初例であり、祭文や起請文では「永暦二年（一一六一）七月六日聖人覚西祭文」（平三一五五）や同年八月一三日の「沙門覚西起請文」（平三一六〇）に近三日遠七日や毛孔とあるが、塩津起請文の「保延三年（一一三七）七月二九日草部行元起請文」の「毛穴」「近三日遠七日」は起請文の罰文として最古の用例である。

また、近三日遠七日の言い回しは、上記に示した史料がすべて近江の起請文で、他国の起請文に類例がなく近江特有の表現といってよいであろう。そのほかの罰文の用語としては「永暦元年（一一六〇）六月藤井熊犬之起請文」には「四十四（結骨）近三日」や、「仁安三年（一一六七）七月十八日藤井未真起請文」には「五体六根八万四千毎毛穴」など、これまで鎌倉時代以降でないと使われない用語もある。

罰文は鎌倉時代になると辛辣《しんらつ》さを増す。鎌倉時代に頻出する罰文には「現世では身に白癩《びゃく》《らい》・黒癩《こくらい》の病を受け、後世では無間《むげん》地獄の底に堕ちる」とする恐ろしい罰文が出現する。「白癩・黒癩、無間地獄」の初出は「建久三年（一一九三）九月二十七日僧重源下文」（『鎌倉遺文』六二一）で、こうした表現は塩津起請文にはまったくなく、ほかの平安時代の起請文にも見られない。黒田日出男氏は古代には癩病を業病とみなす癩病＝業病観は未成立で、中世的な都市と農村の関係から発生したとする（黒田一九八九）。また、千々和到氏は鎌倉時代以降にこうした表現が起請文等に頻出するのは六道絵を見せながら地獄の恐ろしさを説き、癩病の患者を仏罰の眼前のあらわれとして差別した僧侶たちの説教と見事に対応しているとする（千々和一九八一）。中世社会において、癩病や地獄を現世の功罪と重ね合わせるように民衆の思想支配をした大きな要因は仏教寺院の僧侶たちの影響力が大きかったと思われる。

塩津起請文の罰文には白癩・黒癩、無間地獄などの辛辣な表現はない。塩津を取り巻く社会には癩病は業病とは認識されておらず、地獄はいまだ民衆の世界観に入り込んでいなかった。塩津起請文が発生期の古い時期の起請文として成立期の様相を残しているといえよう。

四、誓いの場の再現

神社遺構と起請文祭祀

塩津の起請文祭祀はどのように行われていたものであろうか。起請文の誓いの場は一九八〇年代の民衆史研究の盛んな時期には起請文と一味神水《いちみしんすい》など、百姓一揆論とともに幾つか論じられている。千々和氏（千々和一九八三）や峰岸氏（峰岸二〇〇八）は起請文の誓約の場を推定した。その後は起請文の祭祀の在り方についての研究は詳らかではない。

遺跡からは京都系土師器皿《はじきさら》、箸《はし》、漆器椀《わん》、松明《たいまつ》の燃えさしなどが大量に出土している。土師器皿の出土は本殿周辺に限られ、出土総数は重量計算で一万三五〇〇枚と推定している。これを起請文に記された年紀である保延三年（一一三七）から建久三年（一一九二）までの五六年間で、冬の期間を除外した九か月で割り戻すと、約二八枚の大皿と小皿の土師器皿が毎月廃棄されていたことになる。一回あたり十数人が集う祭祀が月二回程度開催されていたと推測できる。大量の箸や漆器椀、折敷《おしき》などは饗宴の場にふさわしい。また、大量の松明は饗宴が夜行われていたことを示す。本殿脇には井戸（神泉《しんせん》）も見つかっている。神水を酌み交わしたのかもしれない。港跡からは楽器に使った銅拍子《どびょうし》や多数の腰刀《こしかたな》も出土している。

　塩津の遺構の検出状況や出土遺物、起請文の内容から「塩津起請文誓約の場」を想定し復元すると以下のようになるであろう。

　起請文の祭祀が行われた季節は春から秋の間で冬場は行われていない。場所は発掘された本殿前である。時間は夜で、周辺は松明が焚かれ昼間のように明るい。参列者は天に向かい祈りの声を上げ銅拍子や腰刀を打ち鳴らし、金属音を響かせる。多くの人が見守る前で、神官（神主）は天上、地上の神仏を神社の本殿に神降ろしする。誓約の作法には「鐘を打ち鳴らす」（峰岸一九八二）や、「鐘の音、誓約の声、煙の立ちのぼり、香ばしい香り、神水をくみかわす」（千々和一九八三）などが執り行われたものであろう。神主または誓約人は神仏が神降ろしされた本殿前で起請文を読み上げ、誓約を行う。その後、神殿前は饗宴の場になり、神とともに飲食をする。使われた土師器皿や箸は打ち捨てられる。

　そののち、起請文木札は最低一年以上の期間、神社の決められた場所に掲示され、つねに参詣者の目に触れるところとなる。誓約内容が成就した後は勧請した神仏の罰が身に降りかからないように木札を刀で刻んで、決められた鳥居外側の南堀の西の堀に廃棄（御札納め）した。

　この祭祀は一一世紀後半から一二世紀末まで続いたが、一一世紀末から一二世紀前葉の木札には文字が確認できないものが多く、文字なしの木札のみの祭祀があったかもしれない。一二世紀前半から一二世紀末までの起請文には多くが物資の運搬に関わる「請け負った荷物を一つも失わない」「米」「盗まない」といった誓文が多いことから、近年発掘された港湾遺構と密接に関係していたことがわかる。一方、誓文に「申事」「口表」など、人物の言動に関するものがある。物資の運搬の誓約は物資を無事に運搬するとの荷主との契約であるから、その結果は明瞭に判断できる。

しかし、嘘をついたか、口約束を破ったかは裁判でないと判断できない。神前での起請文裁判（参籠起請《さんろうきしょう》や湯起請《ゆきしょう》など）があった可能性も否定できない。

塩津起請文は成立期の起請文として、中世的社会を形成する重要な内容が明らかになった。

起請文の成立

一一世紀末から一二世紀前葉の下層の神社遺構にともなって出土した木札は文字が確認できないものがほとんどである。南堀出土の木札は墨書も浮き文字が確認できないことから長期間屋外に掲示されておらず墨が消えたか、まったく文字が記載されていなかった可能性もある。形状は比較的完形品が多く、刃物で切断された痕跡の残る木札もある。北堀から出土した完形品で文字の確認できる木札は簡頭句の再拝はなく、神仏の序列もばらばらであり、また誓文が確認できないことから、神文だけ記した祭文札とも考えられる。こうした事例から塩津起請文木札は無文木札→祭文木札→起請文木札と変遷した様相も見える。成立期の起請文祭祀から定型化された中世的起請文祭祀への変化がうかがえる。

一二世紀中葉以降は起請文の書式は定型化する。起請文の形態や簡頭の再拝を重視する内容から、誓約の場である神前で読み上げられた。さらに風蝕により浮き文字となった起請文木札は長期間屋外に掲示され誓約の期間が終了したのちに、刀で切断し、神社の鳥居外の堀に廃棄（お札納め）された。神仏の勧請は天上神、地上神と明確に区別され、上界では釈迦の守護神である梵天・帝釈・四大天王から始まり道教の神である閻魔・五道大神・日月五星、下界では王城鎮守―当国鎮守―当郡鎮守―当所鎮守と重層的な構造が明らかとなった。これは国内宗教秩序形成の歴史過程と一致する（上島二〇一〇）。王城鎮守神は二十二社を意識して勧請しているがその筆頭神である伊勢はこの時期まだ出現せず、当国鎮守神の筆頭は山王七社で、のちの近江一宮の建部は以下に列する。日吉山王の琵琶湖湖上交通や近江から北陸にかけての支配力がうかがわれる。当郡鎮守は竹生弁才天で一二世紀半頃にはその存在が人々に認識されていた。当所鎮守神は塩津、稲懸祝山、津明神、若宮の神が在地に存在していた。発掘された神社の名前も想定できそうである。罰文はほぼ定型化された「近くは三日遠くは七日の内に身体中の毛穴から神罰仏罰を被る」とある、鎌倉時代以降に多出する「黒癩・白癩になる、無間地獄に堕ちる」などの辛辣な表現はまだ出てこない。起請文が記載された年代は保延三年(一一三七)から建久三年(一一九二)年までの五六年間である。元暦二年(一一八五)の京都盆地東北部を震源とする京都大地震で琵琶湖の水が逆流した後も神社の堀は機能していた。武家政権の成立とともに、百姓身分以外にも多様な職が生まれる時代である。

重要なのは誓約文である。多くの起請文に米・魚・布などを取る、盗むなどの表現があり「米や魚を盗んだり、取ったりしていない」ことを誓っている。起請人はそうした物資を運搬する運送業者と考えられる。さらに、嘘をつかない、約束を破らないなど一般民衆の精神生活にかかわる誓いもあり一般民衆の姿も垣間見られる。起請文の登場する社会的背景については、戦前の研究史では一般的背景として「不安な社会と宗教的思想」「土地的利益の争奪」などがあるとされた。一九八〇年代には成立期の起請文は荘園制論から多く論じられている。「永暦二年三月二一日橘恒元起請文」(平三一四四)は、石山寺の荘園の一住人である橘恒元が在地領主的存在である藤内影遠に好意を寄せないことなどを誓っている起請文である。河音能平氏はこの起請文が荘園制支配秩序と分裂支配の体制にために使われたとした(河音一九七一)。また、黒川直則氏は鎌倉時代の史料であるが、起請文を利用して百姓が領主に対し損免《そんめん》を要求する手段に使っているとした(黒川一九七一)。入間田宣夫氏は一二世紀前半の史料から、起請文は本来農民が自ら主体性において記したものとした（入間田一九八六）。起請文は成立期から領主と百姓間の合意の下で交わされていたことになる。一方、黒田氏は起請文成立の不可欠の前提として、起請文の書き手が個人であること、神仏の来臨《らいりん》の場で誓約・誓言しているのは中世的個人であるとしている（黒田一九八九）。河音氏、黒川氏、入間田氏とも、起請文を荘園制下の支配・被支配の一手段ととらえた重要な研究成果であろう。

しかし、成立期の起請文は黒田氏の論ずる中世的個人の自立によって生じたものがより初源的ではなかろうか。塩津起請文は米や魚などの運送業者の荷主側・相手方の名称は記載されていないが、荘園領主側などから強制されて起請文を誓約したとは考えにくい。あくまでも運送業者個人が対外的に自主的に起請したように思われる。橘女弟子や（乙）戸女など女性の起請人が登場し、「約束を破らない」盗んではいないといった明確な自己主張を起請文に記している。塩津起請文は成立期の起請文祭祀から中世的祭祀への変換、中世成立期の経済・精神世界を反映させた起請文として貴重な史料である。

参考文献

新井孝重「都市民の病と生活」、『日本中世を生きる』、吉川弘文館、二〇一九年
井上寛司「中世諸国一宮制の成立」、『日本中世国家と諸国一宮制』、岩田書店、二〇〇九年
入間田宣夫『百姓申状と起請文の世界』、東京大学出版会、一九八六年
上島亨『日本中世社会の形成と王権』、名古屋大学出版会、二〇一〇年
大川原竜一『古代竹生島の歴史的環境と「竹生島縁起」の成立』、明治大学大学院『文学研究論集第二八号』、二〇〇八年
岡田荘司「二十二社の成立と公祭制」、『平安時代の国家と祭祀』、続群書類従完成会、一九九四年
金沢市埋蔵文化財センター『堅田B遺跡Ⅱ』、二〇〇四年
上川通夫「東アジア仏教世界と平家物語」、『平家物語を読む』、吉川弘文館、二〇〇九年
上川通夫「補論永意起請写本の出現」、『日本中世仏教と東アジア世界』、塙書房、二〇一二年
河音能平「中世社会成立期の農民問題」、『中世封建制成立史論』、東京大学出版会、一九七一年
黒川直則「起請の詞」、『日本史研究』一一九号、一九七一年
黒田日出男「中世民衆の皮膚感覚と恐怖」、『境界の中世　象徴の中世』、東京大学出版会、一九八九年
酒井紀美『中世のうわさ』、吉川弘文館、一九九七年
佐藤進一『古文書学入門』、法政大学出版、一九七一年
佐藤雄基「日本中世前期における起請文の機能論的研究」、『史學雑誌』第一二〇編第一一号、二〇一一年
滋賀県教育委員会・公益財団法人滋賀県文化財保護協会『塩津港遺跡一』（大川総合流域防災事業に伴う

発掘調査報告書）、二〇一九年（本文引用では県・協会と省略する）
滋賀県文化財保護協会記者発表資料「平成二四年度塩津港遺跡の発掘調査成果について」、二〇一三年（本文引用では協会と省略する）
滋賀県立安土城考古博物館『塩津港遺跡発掘調査成果展―古代の神社と祭祀を中心に―』（第六〇回企画展図録）、二〇一九年（本文引用では安土博と省略する）
戸田芳美『歴史と古道―歩いて学ぶ中世』、人文書院、一九九二年
千々和到「中世民衆の意識と思想」、『一揆』四、東京大学出版会、一九八一年
千々和到「「誓約の場」の再発見―中世民衆意識の一断面―」、『日本歴史』四二二、一九八三年
千々和到「中世誓約文書＝起請文の、二つの系列」、『國學院雑誌』第一〇六巻第二号、二〇〇五年
千々和到「塩津・起請文木簡の古文書学的考察」、『國學院雑誌』第一一三巻第六号、二〇一一年
中田薫「起請文雑考」など、『法制史論集　第三巻下』、岩波書店、一九四三年
濱修「塩津起請文木札と勧請された神仏」、『紀要』二四、公益財団法人滋賀県文化財保護協会、二〇一一年
濱修「塩津港遺跡」、『木簡研究』第三五号、木簡学会、二〇一三年
濱修「皇后宮木簡と起請文祭祀」、『紀要』二七、公益財団法人滋賀県文化財保護協会、二〇一四年
早川庄八「起請管見」、『日本古代の文書と典籍』、吉川弘文館、一九九七年
保立道久『物語の中世―神話・説話・民話の歴史学』、東京大学出版会、一九九八年
峰岸純夫「誓約の鐘―中世一揆史研究の前提として―」、『中世社会の一揆と宗教』、東京大学出版会、二〇〇八年
和歌山県「鞆淵八幡神社文書」二四、『和歌山県史』中世史料一、一九七五年

第四章　塩津荘の歴史と交通

太田　浩司

一、古墳時代からの歴史

本章の目的

長浜市西浅井町「塩津浜」地先から発掘された、一二世紀（平安時代後期）を中心とする塩津港の神社や港は、琵琶湖の最北に平安時代中期には形成されたと見られる塩津荘の中で、その機能を果たした施設である。本章では、塩津荘の古代・中世への歴史の流れから、塩津港遺跡の位置づけを行なっていきたい。特に、塩津荘内の政治・社会状況や、交通・流通支配に留意して話を進めよう。さらに、近世・近代の塩津荘域の状況についても触れ、第五章でも触れられることになる、琵琶湖岸の環境変化、特に水位変化にともなう港の位置や形態の変遷についても考察を深めたい。

なお、塩津港遺跡の神社跡や港跡は、長浜市西浅井町「塩津浜」に存在するが、中世の浅井郡塩津荘は、より広域的な展開を見た。現在の大字で言えば、「塩津浜」・「祝山《ほりやま》」・

「野坂《のざか》」・「塩津中」・「余《よ》」・「集福寺」・「沓掛《くつかけ》」・「横波」・「岩熊《やのくま》」の九ヶ村からなると考えられる。北へは「沓掛」から深坂越えで疋田《ひきた》・敦賀に至る塩津街道（敦賀街道・五里半越え）が通り、西は娑婆《しゃば》内湖の湖岸や権現坂を介して伊香《いか》荘域と接し、東は「横波」・「岩熊」から峠を越えれば大浦荘に至った。南はもちろん湖水である。

古墳時代の塩津

滋賀県指定史跡となっている塩津丸山古墳群は、古墳時代の塩津を支配した王の墓と推定される（長浜市二〇一九）。前方後円墳一基と、円墳三基で構成されている。前方後円墳である一号墳は、全長約二一・五メートル、後円部径約一二メートル、前方部の端部幅は約一三・五メートルで尾根の南端に位置する。これに近接して、直径が約九メートル、高さが約一メートルの円墳である二号墳がある。位置関係や規模から、二号墳は一号墳の陪塚《ばいちょう》と考えられる。いずれも、葺石《ふきいし》や埴輪《はにわ》は確認されていない。

これらの古墳から約百メートル北に直径約三〇メートル、高さ約四メートルの円墳である三号墳があり、さらに約百メートル北に直径約二八メートル、高さ約一・五メートルの四号墳がある。三号墳・四号墳は規模や位置から、一号墳に続く首長の墳墓と考えられる。発掘調査が行なわれていないので、築造年代は明らかではないが、墳丘の形状から古墳時代前期から中期にかけて造られたものと見られている。

郵 便 は が き

お手数ながら切手をお貼り下さい

5 2 2-0 0 0 4

滋賀県彦根市鳥居本町 655-1

サンライズ出版 行

〒

■ご住所

■お名前《ふりがな》　　■年齢　　歳　男・女

■お電話　　■ご職業

■自費出版資料を　　希望する ・ 希望しない

■図書目録の送付を　　希望する ・ 希望しない

サンライズ出版では、お客様のご了解を得た上で、ご記入いただいた個人情報を、今後の出版企画の参考にさせていただくとともに、愛読者名簿に登録させていただいております。名簿は、当社の刊行物、企画、催しなどのご案内のために利用し、その他の目的では一切利用いたしません（上記業務の一部を外部に委託する場合があります）。

【個人情報の取り扱いおよび開示等に関するお問い合わせ先】
サンライズ出版 編集部　TEL.0749-22-0627

■愛読者名簿に登録してよろしいですか。　□はい　□いいえ

ご記入がないものは「いいえ」として扱わせていただきます。

愛読者カード

ご購読ありがとうございました。今後の出版企画の参考にさせていただきますので、ぜひご意見をお聞かせください。なお、お答えいただきましたデータは出版企画の資料以外には使用いたしません。

●書名

●お買い求めの書店名（所在地）

●本書をお求めになった動機に○印をお付けください。

1．書店でみて　2．広告をみて（新聞･雑誌名　　　　　　　　）

3．書評をみて（新聞･雑誌名　　　　　　　　）

4．新刊案内をみて　5．当社ホームページをみて

6．その他（　　　　　　　　）

●本書についてのご意見・ご感想

購入申込書　小社へ直接ご注文の際ご利用ください。お買上 2,000 円以上は送料無料です。

書名　　　　（　　　冊）

書名　　　　（　　　冊）

書名　　　　（　　　冊）

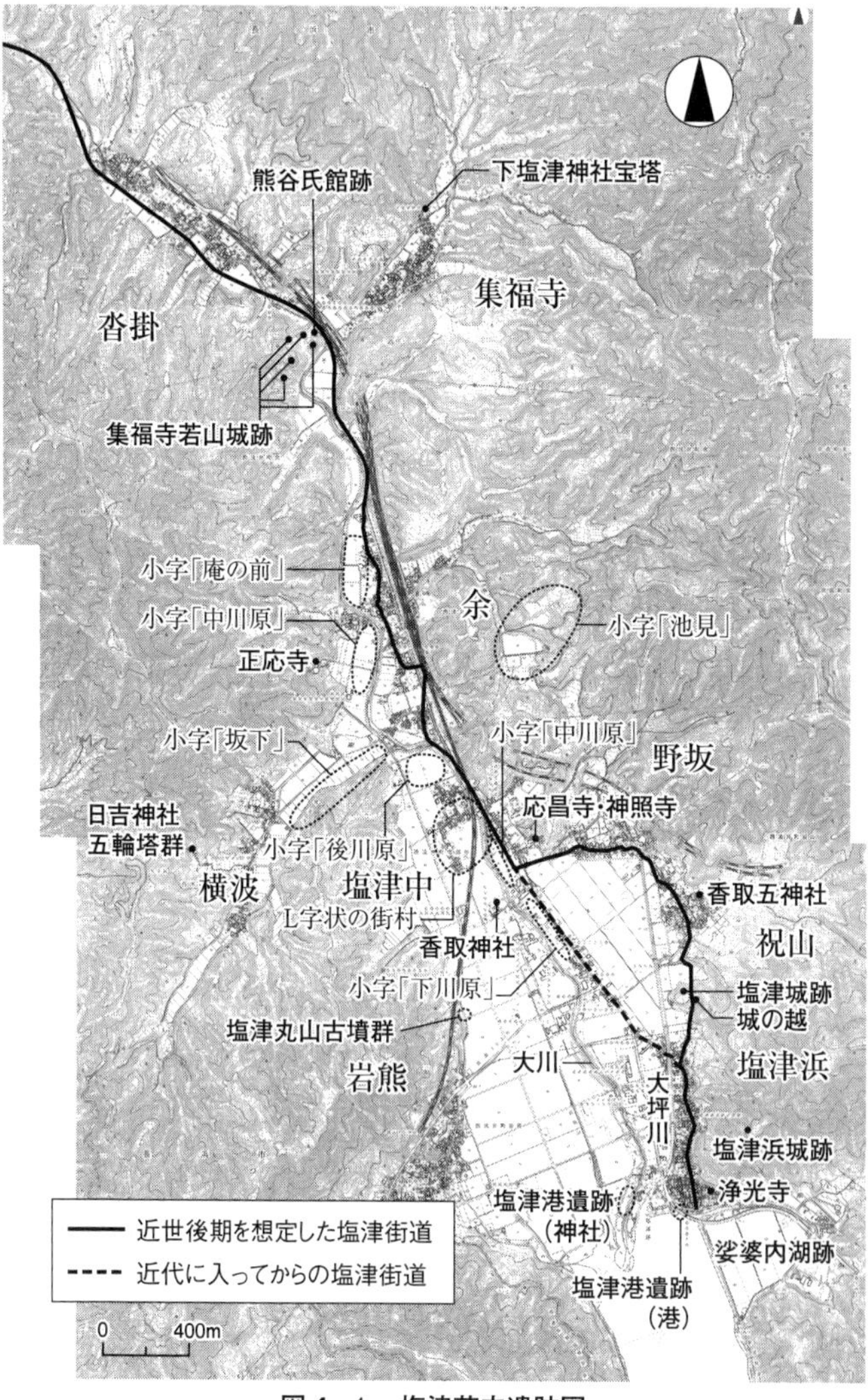
下塩津神社宝塔
熊谷氏館跡
集福寺
沓掛
集福寺若山城跡
小字「庵の前」
小字「中川原」
余
小字「池見」
正応寺
小字「坂下」
小字「中川原」
野坂
応昌寺・神照寺
日吉神社
五輪塔群
小字「後川原」
横波
塩津中
L字状の街村
香取五神社
祝山
香取神社
小字「下川原」
塩津城跡
城の越
塩津丸山古墳群
大川
塩津浜
岩熊
大坪川
塩津浜城跡
浄光寺
塩津港遺跡
（神社）
近世後期を想定した塩津街道
近代に入ってからの塩津街道
婆婆内湖跡
塩津港遺跡
（港）
0
400m

図４－１　塩津荘内遺跡図

通常、古墳は被葬者が統治した村々を見下ろす場所に建造される例が多いことからすると、この古墳の主は農耕に基盤をおいた首長ではなく、塩津港や敦賀へ至る街道を掌握した者であった可能性が高い。塩津港をめぐる湖上・陸上交通は、古墳時代においては、地元の王によって支配・統制されていたことを示すものであろう。

飛鳥・奈良時代の塩津

塩津の古代史については、序章や第五章に詳しいので、ここでは簡単に要点をまとめておこう。まず、荘園が成立する以前の奈良時代については、『万葉集』巻三に奈良時代の歌人・笠金村の歌として「塩津山／うち越え行けば／我が乗れる／馬そ爪づく／家恋ふらしも」と歌われるなど、国内における交通の要衝の地として地名が登場する。同じく、『万葉集』巻九には「高島ノ／阿渡ノ水門ヲ／漕ぎ過ぎて／塩津菅浦／今か漕ぐらむ」と詠まれるように、湖上交通の面でも重要な基点であった。奈良時代の天平宝字八年（七六四）に起きた恵美押勝《えみのおしかつ》の乱において、孝謙上皇軍に追われた藤原仲麻呂《ふじわらのなかまろ》は、この塩津を通り越前へ向かうことを目指していたように、都から北陸地方へ至る経路としても大いに繁栄した（太田二〇一八）。

平安時代に至ると、長徳二年（九九六）には、紫式部もここを通過し、「塩津山」の歌を詠んでいる。同時代にまとめられた『延喜式』においても、敦賀に集められた越前・加賀・能登・越中・越後・佐渡六ヶ国の物資は、塩津街道で塩津に運ばれ、ここから湖上を大津に輸送し、京都へ運ぶことが定められている。治暦元年(一〇六五)九月一日の太政官符《だじょうかんぷ》写(壬生家文書)によれば、京都へ運ぶ「調」物に塩津で通行料を取ることを禁じている。平安時代に、塩津が京都への流通拠点であり、そこに関所があったことが知られる。

二、中世の塩津荘と熊谷氏

塩津荘の地頭熊谷氏

塩津荘は、第五章に詳述されるように、年未詳「室町院領目録」(八代恒治氏旧蔵文書)によれば、室町院(後堀河天皇の娘・暉子《きし》内親王)の所領とされ、応永五年(一三九八)五月には伏見宮栄仁《よしひと》親王が継承し、その後も伏見宮家として文安三年(一四四六)まで確認される王家領荘園であった。当地に、鎌倉時代に関東から補任されたのが、地頭の熊谷《くまがい》氏であった。

国宝「菅浦《すがうら》文書」は、塩津荘の西に広がる大浦荘の南に存在した菅浦集落の中世から近世を伝える文書群として名高い。中世の村落共同体である惣村《そうそん》の姿を如実に語る文書として著名だが、隣庄・塩津荘の地頭熊谷氏の動向を伝えていることでも知られる。すなわち、永仁六年(一二九八)一〇月の「菅浦供御人等重申状」によれば、前年一二月、塩津荘地頭であった熊谷七郎二郎直忠が、「惣追捕使《そうついぶし》」と号して菅浦に乱入し、種々の不法を行なう事件が起きたと記している。この事件に対して、菅浦は自らを「供御人《くごにん》」と称し、この職を統括する蔵人所《くろうどどころ》を通じて、鎌倉幕府の京都出先機関である六波羅探題に、熊谷氏の排除を訴えた。この裁判では、五度に渡る菅浦の申状が出され、九度に及ぶ六波羅問状が出されたようだが、熊谷氏は一向に応じず、裁判は進行しなかった模様である（長浜市長浜城歴史博物館二〇一四）。

塩津荘地頭熊谷氏は、鎌倉御家人として著名な熊谷直実《なおざね》の兄・直正が、近江国塩津荘に土着して勢力を伸ばした一族である（太田一九九一）。鎌倉時代は京都在番の鎌倉御家人「在京人」として、室町幕府では将軍直臣「奉公衆《ほうこうしゅう》」として、京都に地盤を持っていたようだが、土着後間もないこの時期、本拠・塩津荘周辺での所領拡大を目論んで、菅浦への侵攻を行なっていたと推定される。熊谷氏が菅浦の領家である竹生島を利用しつつ、菅浦代官である「惣追捕使」の名を得て、菅浦への支配権を及ぼうとしていた事件と見られる。これに対して、菅浦は朝廷（蔵人所）を通して、六波羅探題での訴訟を展開しようとしていたことが読み取れる。

小串氏から熊谷氏へ

本件に遡って、同じく「菅浦文書」に残る文永六年（一二六九）九月五日付けの「小串《おぐし》行方書状案」によれば、関東御家人である小串行方が、父・民部大夫入道の代から安堵《あんど》を受けている「菅浦惣追捕使」の職務を復活してほしいことを、菅浦の領家である竹生島《ちくぶしま》に訴えている。この職務は、行方の父である民部大夫入道から熊谷二郎左衛門尉直村へ引き継がれたようだが、直村は竹生島の神人《じにん》を称する村人と対立し、職を解かれて同職は海津紀左衛門尉へ宛行《あてが》われた経緯があったと記される。行方は本来、関東を本拠としていることもあり、鎌倉幕府に訴えて職を取り返すべきだが、ここでは菅浦の領主である竹生島に、「惣追捕使職」への再任を要求すると述べている。

小串氏は上野《こうずけ》国多胡《たご》郡小串郷（群馬県高崎市吉井町小串）に地盤を持つ武家だが、下って室町時代にも北近江に所領を持つ「奉公衆」として見えており、塩津荘地頭であった熊谷氏との姻戚関係を利用してか、鎌倉時代から当地に地盤を築いていた。塩津荘地頭の熊谷氏も鎌倉時代中期から菅浦荘の「惣追捕使職」を得るなど、地域の地盤固めを行なっていたことが、隣荘の史料からうかがい知られるのである。

塩津熊谷氏と室町幕府

近江熊谷氏は『熊谷氏系図』によれば、鎌倉御家人として著名な熊谷直実の兄直正の系統とされる。同系図には、直正から四代後の直朝の附記に「江州塩津熊谷衆此筋也、直貞ヨリノ総領筋也」とある。直貞は直正・直実の父であり、塩津荘地頭の系統が、熊谷氏の惣領と認識されていた。ただ、第五章に紹介されているように、直実の嫡子直家の系統だとする説もある。塩津地頭熊谷氏の南北朝時代の動向については、第五章に詳しいが、建武政権の上使として越前に赴いていたこと、隣荘の大浦荘の住人と「荘質」をめぐって紛争が起きていたことが指摘されている。また、室町時代の嘉吉《かきつ》三年（一四四三）には、熊谷氏下野入道が塩津荘公文職の安堵を、領家の伏見宮家に申請していたことが知られる。

第五章と重ならない範囲で、もう少し塩津荘地頭の熊谷氏について考えてみよう（太田一九九二）。同氏は室町時代には将軍の近習《きんじゅう》である奉公衆の三番衆に編成され、直重・直将・満実・直泰・直盛の名が、将軍の随行者として諸書に見える。庶子が浅井郡今西荘（長浜市湖北町今西）に本拠を構えていたが、「菅浦文書」の後述する寛正二年（一四六一）の合戦記においては、「いまにし・くまかゑ」として登場する。今西の熊谷氏は、「奉公衆」の五番衆に編成されていたようである。この今西荘も、塩津荘と同じく伏見宮家領だったことは興味深い。熊谷氏は領家のつてをたどって、庶子を今西荘に配したのである。

また、応永年間（一三九四～一四二八）前後のものと推定されている幕府からの奉書によれば、竹生島での衆徒《しゅと》と下僧《げそう》の対立について、守護が調停に乗り出したところ、守護不入の理由で、その介入が阻止された。代わりに、熊谷下野守と朝日近江守の「奉公衆」二人が幕府から両使として、その処理を命じられている。朝日氏は浅井郡朝日郷（長浜市旧湖北町朝日地域）を本拠とする「奉公衆」であった。

延徳二年（一四九一）、熊谷直清が守護の京極材宗《たねむね》によって殺害されるという事件が起きる。これに対し、熊谷氏の所属する三番衆は連署状を作成し、総番の一味を呼びかけ、京極氏の処罰を求めている。この事件は、将軍義材《よしき》の第二次六角征伐中の出来事であったが、義尚と義材、二回に及ぶ六角征伐の背景には、応仁・文明の乱以降、守護が在地支配の度合いを強め、「奉公衆」の所領を侵食していったことがある。近江における守護権力の伸張と、在地支配を侵害される「奉公衆」たちの葛藤があったことがうかがわれる。

この後の戦国時代前期において、北近江では守護京極氏の戦国大名化が進むが、天文三年（一五三四）、京極被官から身を起こした浅井亮政《あざいすけまさ》が政権を握る形となり、その居城小谷《おだに》へ京極高清と高広の親子を饗応《きょうおう》する。この儀式は、北近江での政権移譲の儀式と見られるが、その時の座配が『続群書類従』に掲載されている「天文三年浅井備前守宿所饗応記」によれば、守護京極氏に次ぐ上座に座るのは、加賀・黒田・岩山などの佐々木一族の将軍近習や奉公衆の他、塩津荘地頭の流れを汲む熊谷下野守であった。このことから、熊谷氏は戦国時代中期、一六世紀半ばまでは在地領主として、一定の勢力を保っていたことが確認される。

菅浦攻めと熊谷氏

菅浦への熊谷氏の影響力は、鎌倉時代に引き続き、室町時代にも続いた。菅浦とその北の大浦は、葛籠尾崎《つづらおざき》のつけ根にある日指《ひさし》・諸河《もろかわ》の田地領有権をめぐって、一三世紀から一五世紀にわたって激しく争ったが、特に文安二～三年（一四四五～四六）の相論と、寛正二年（一四六一）の相論については、村人が記述した合戦記が伝わり、その詳細が知られる（長浜市長浜城歴史博物館二〇一四）。寛正二年の相論は、同年一一月三日の日付を持つ「菅浦・大浦庄騒動記」によって、その内容が知られる。菅浦の者が大浦下荘（大浦集落が含まれる）内の山田（長浜市西浅井町山田）へ商売に行って殺害された報復に、菅浦が山田集落を襲い、四、五人を殺害し放火したことに端を発した。この事件を受けて、菅浦・大浦下荘両者が相手の非法を、当時共通の領主であった日野家へ訴え、その法廷での裁判となったのである。

日野家では、いずれの主張が正しいか「湯起請《ゆぎしょう》」が行なわれた結果、菅浦の非が決せられた。この神裁を受けて、日野家の代官松平益親（徳川家康の祖とされる）は、塩津熊谷氏（原文には「しほつ熊谷上野守」とある）、その分家である今西熊谷氏、山本氏・浅見氏などの近隣の武士や、高島郡の朽木氏、さらには松平家の本拠三河国からの援軍、そして周辺の村人にも動員をかけて、菅浦を亡所とするため四方から攻撃を行なう事態に至った。最終的には、塩津熊谷氏（原文には「しほつとの」とある、実名は直泰、加藤二〇〇二）が仲介に乗り出し、菅浦の乙名《おとな》二人（道清入道・正順入道）に熊谷氏が同道する形で、降伏を松平益親に伝え、菅浦の滅亡はさけられた。ここで、塩津熊谷氏は、松平に従って菅浦攻めに加わる一方、その仲介にも尽力している。一五世紀、塩津荘を越えた隣荘の治安維持にも、熊谷氏の力は絶大であったことを確認できる。塩津荘における熊谷氏の領主経営の実態をも、類推させるものである。

大浦荘松平益親の領主経営

このように熊谷氏と菅浦との関係は、地域での同氏の政治的影響力を物語るものではあるが、塩津荘内での領主経営の実態を直接把握できるものではない。それに比して、前項で紹介した大浦荘の領家代官・松平益親については、その不正を百姓らが訴える寛正四年（一四六三）九月二日付けの「大浦下荘訴状案」が、「菅浦文書」に残っており、その領主経営の一端が見て取れる。大浦上・下荘は、現在長浜市西浅井町を塩津地域とともに構成する永原地域が荘域となる。

そこにある大浦港は、江戸時代には塩津・海津・今津とともに「湖北四ヶ浦」と呼ばれ、中世・近世において「大浦越え」で敦賀に至る街道の入口として栄えた。熊谷氏の場合は地頭、松平氏は領家方代官の相違があるが、武家権力の在地支配の状況を知る上で参考としてみよう（長浜市長浜城歴史博物館二〇一四）。そこには、琵琶湖の大規模港を持つ荘園という共通の地盤もある。

訴状で述べられる益親の不正とは、その行動が菅浦寄りだと批判を行なう名主・百姓二人を殺害、三人を追放し、その跡地を闕所《けっしょ》として没収、下作人を使って直営田を展開していること。これまでは、領主直営田の実績がなかったこと。公事《くじ》を残りの九人の名主に割り振り、少しでも未進すれば、年々繰り越して高利を加えた他、過度の夫役《ぶやく》を荘内に課していること。さらに、山野や魞《えり》を勝手に支配し、その配下の者も不法を働くことであった。この非法を、領主日野家に対して一〇か条にわたって訴えている。

これに対して、松平益親は翌年四月に陳状《ちんじょう》を提出し、名主・百姓らを殺害・追放したのは、そちらが先に益親らを殺害しようとしたからであり、直営田の経営は「天下の大法」で認められたことであると反論する。さらに、過度の夫役を荘内に課しているというのも事実に反し、山野の柴木は百姓分も確保している上、魞については本来代官が管理するものであると主張している。ここで、興味深いのは、荘内の交通・流通、港の支配に関する非法がまったくないことである。大浦という港を持ちながら、その支配は田地・山野・湖水には及ぶものの、交通・流通においては、松平の権限、あるいは荘園領主の権限が及んでいなかった可能性を指摘できるだろう。

大浦荘と塩津荘では港や領主のあり方が相違するので、単純な比較はできないが、大浦荘の松平氏の支配は、塩津荘での熊谷氏の支配を類推することが可能ではなかろうか。第五章では、塩津荘では交通・流通や港の支配については、比叡山の権限が及んでいた可能性が指摘されるが、大浦荘でも同様な状況にあったのではないかと推定できる。特に、松平氏の支配が港に及んでいないことに留意しておこう。この問題は塩津港と在地領主の関係、さらには近江の中世流通史を読み解く上で、重要な鍵となるだろう。

熊谷氏と寺院

これも、第五章で触れられるが、塩津荘には熊谷氏の関する禅宗寺院が多くみられる（長浜市二〇一九）。熊谷氏と禅宗との関わりは、嘉暦《かりゃく》三年（一三二八）生まれで、応永一四年（一四〇七）に八〇歳で没した、相国寺《しょうこくじ》第三世の空谷明応《くうこくみょうおう》が熊谷氏の出自だったことに象徴されよう。また、熊谷氏に嫁いでいた応聖寺宗久尼《そうきゅう》は、一休宗純の師で大徳寺の高僧であった華叟宗曇《かそうそうどん》の弟子であったとされ、その関係で宗曇は「塩津中」にあった高源院で晩年を過ごし、ここで死去している。現在も「塩津中」集落には、曹洞宗の神照寺の奥に応昌寺《おうしょうじ》という寺院が存在し、その背後には「華叟禅師」の墓石が現存する。応昌寺は戦国時代までは高源庵と称したと伝承されており、華叟が晩年を過ごしたという高源院そのものを指すと見られる。

その他、この寺には信長が首を切ったといわれる「首切地蔵」も存在する。これは、織田信長が朝倉義景を攻めるため、馬に乗って応昌寺の神木と祠《ほこら》の前を通った時、村人が「神前を乗馬で通行するとタタリがある」と警告した。信長はこれに激怒し、この地蔵の首を切ったところ、とたんに腹痛を起こし、呼び寄せた余呉荘洞寿院《とうじゅいん》の住職の祈禱《きとう》により、ようやく治まったという言い伝えである（塩津浜歴史研究会二〇一五）。

この伝承が史実かどうかはともかく、この応昌寺前を通る塩津街道の戦国時代の隆盛を物語るものではあろう。その他、荘内には「祝山」の曹洞宗洞春庵《とうしゅんあん》、「野坂」の曹洞宗泰休庵、「余」の曹洞宗正応寺、「集福寺」の曹洞宗徳宝寺、「横波」の曹洞宗慈願寺がある。この他、浄土真宗寺院も多いが、特に「塩津浜」の浄光寺は蓮如上人《れんにょしょうにん》が立ち寄ったという寺伝を持ち、長享元年（一四八七）閏一一月一七日に蓮如が下付した方便法身尊像や、蓮如書の十字名号を所蔵する（特別展「湖北真宗の至宝と文化」実行委員会二〇一一）。大坪川沿いには、文明三年（一四七一）に蓮如が吉崎に赴く際に上陸したと言われる場所も存在する。港の往来をめぐる中で真宗信仰門徒が生まれ、ここを基点に浄土真宗が荘内に広まったとも考えられる。

熊谷氏の館と城

熊谷氏館跡は、谷の奥・集福寺の塩津街道沿いの若山と呼ばれる所にあったとする伝承がある（長浜市二〇一九）。「集福寺」集落からの道が、かつての塩津街道（現在の国道八号）に出た所から、少し北へ行った場所に橋がかかり、そこから山側に行った谷の雛壇《ひなだん》状の地に存在したとされる。この場所は、集福寺の分教場があった場所で、現在も数段の削平地が確認され、この館を囲むように三つの山城遺構があり、その背後（南）にも二つの山城遺構が存在する。これらの山城遺構も、熊谷氏との関係が指摘されているが、この総体が集福寺若山城である（滋賀県教育委員会一九九〇）。この状況からは、熊谷氏が越前へ抜ける塩津街道を大いに意識して、館の設定を行なっていた事実を読み取れる。

「塩津浜」にある塩津城跡は、東から西へ延びる尾根先端に存在する。尾根の根元を断ち切った所を「城ノ越」と呼び、そこに「塩津浜」から「祝山」に至る、かつての塩津街道が通っていた。切通し状になった街道で遮断された尾根の西端は、独立した山の形状をなし、数段の削平地が確認されている。ここも、熊谷氏の居所があったと伝えられている。

さらに、「塩津浜」集落の東の山上にある塩津浜城も熊谷氏の城郭と伝えられている。東西方向に延びる尾根を三か所で、堀切により断ち切っており、その堀切周辺に削平地や土塁が造成される構造になっている。塩津の入江を見渡せる位置にあり、荘内の交通支配に絶好の場所と言えるだろう。これら三つの城が、大川が形成する扇状地を中心とする塩津荘の中心部の北と南に配されていた。熊谷氏の塩津荘支配の拠点と考えられ、それが荘園の中核部を押さえていたのは興味深い。

この他、大字「余」の西岡城、大字「沓掛」の南・北・西の三つの砦《とりで》、大字「岩熊」の岩熊城などが塩津荘内には存在するが、熊谷氏との関係は明確ではない。

塩津荘内の有徳人

塩津荘内には、熊谷氏の他に港の市場や、流通によって財を得た、有徳人《うとくにん》が存在したことが推定できる。とはいえ、その存在を示す史料は少ないが、竹生島蓮華会《れんげえ》に関わる次の文書は注目していいだろう。正安元年（一二九九）

三月五日の「山門衆会事書案」（竹生島文書）によると、塩津荘住人の弥太郎男が、山門西塔釈迦堂「六十六人神人」と称して、慈恵《じえ》大師（良源）が創始し「山門三箇大事」に位置づけられた竹生島蓮華会を妨害しており、その解決を行なうよう山門西塔において衆議がなされている。具体的には、弥太郎が蓮華会の頭役《とうやく》受頭を拒否したのではないかと考えられる。

竹生島蓮華会は、現在も行なわれている、竹生島の弁才天の祭礼で、毎年決められる先《せん》頭《とう》・後頭《ごとう》の二人の頭役が浅井郡中から選ばれ、その頭役を中心に祭が進行する。この頭役を務めるには、膨大な経費がかかることから、中世においては受頭を拒否する者も多かったことが、「竹生島文書」からうかがわれる（市立長浜城歴史博物館一九九二）。一方では、戦国期においては戦国大名浅井氏や、江戸時代には浅井郡内に藩庁を持った小室《こむろ》藩小堀《こぼり》氏の藩主も受頭したように、浅井郡内の有力者が務める名誉な役でもあった。この文書からは、第五章で触れられているように、比叡山（山門）の力が塩津荘に及んでいたことと共に、蓮華会頭役に選ばれるような裕福な有徳人が、塩津荘内にいたことを読み取るべきであろう。弥太郎は市場や流通で財を得た有徳人であった可能性が考えられる。

三、新田義貞軍の通過と熊谷氏

『太平記』の記述

『太平記』には、延元《えんげん》元年（建武三年〈一三三六〉）一〇月一一日、足利尊氏によって京都を追われた新田義貞軍は、海津からの七里半越えで敦賀に赴くが、その軍勢の一部が剣熊《けんくま》（現在の高島市マキノ町剣熊）で雪のなか道に迷い、敵に囲まれ自害した話を載せる。現代語訳して、その部分を引用しておこう。

新田義貞の家臣である河野《こうの》・土居《どい》・得能《とくのう》は、三百騎で義貞軍の最後尾を越前に向かって行軍していたが、七里半越えの途中の剣熊に至った所で、本隊に遅れ道に迷い、塩津の北に出てしまった。そこを、近江守護の佐々木一族と、熊谷の軍が包囲し討ち取ろうとしたので、河野ら三将は体を寄せて刺し違えて自害しようとしたが、馬は凍えて動かず、兵隊は指の自由が利かず弓を引くことができず、太刀の柄も握り得ないので、腰刀を土に刃を上にして指し、そこに体を伏して自害した。千葉介貞胤《ちばのすけさだたね》は五百余騎で行軍していたが、夕闇の中降雪に道に迷って、敵の陣地に入ってしまった。前にも後にも行けず味方とも離れてしまったので、一か所に集まって自害しようとしたが、尊氏方の斯波高経《しばたかつね》から使者が来て、「合戦の勝敗はついている。ここで味方となれば、この間の説明を尊氏に申し上げ許してあげよう」と丁寧に言ってきたので、貞胤は不本意ながら降参し高経の軍に属することになった。

ここで重要なのは、塩津荘内に迷い込んだ河野氏らを包囲し、自害へ導いたのは近江守護佐々木氏の一族と塩津荘地頭の熊谷氏であった事実である。この話からは、熊谷氏が塩津荘の交通をある程度掌握していたことが知られる。

新田軍の供養塔

塩津荘内には、この義貞軍の兵士の供養塔と言われるものがいくつか残っており、関連する伝承も残る。まず上げるべきは、大字「集福寺」の下塩津神社境内、同社社務所の裏手山際にある河野通定《みちさだ》の墓とされる宝塔である。高さ二メートル五〇センチ、美しい形状の塔身の上に、笠《かさ》と相輪《そうりん》をのせた典型的な宝塔で、その基礎石には近江特有の三茎蓮《さんけいれん》文様が刻まれている。その大きさや形状から、十分河野が没した南北朝時代に遡るものである。平成初期に宝塚市に住んでいた河野氏子孫の寄附を受けて、敷地を整備し柵を設置、両側に一対の灯籠を建て現状となっている。かつては、神社本殿・拝殿の近くに建立されていたとの説もある（長浜み～な編集室二〇一五）。

大字「横波」の日吉神社境内に、大小一六基の五輪塔が低い壇上に建っている。これらは、平成一八年（二〇〇六）に背後の山際から発掘されたものだが、それに先立つ平成一一年（一九九九）には、同地から「延元戦没」と記された石碑が発見されていた。五輪塔が発見された平成一八年一一月、村の有志がこれらの石碑・石塔を、神社境内に形状よく並べて建立し直したのが現状の姿である。発掘された時、五輪塔は錯乱状態であったので、現在の地・水・火・風・空輪の組み合わせは、再建時の推定である。中央にある最大の五輪塔と、その両脇の中規模の五輪塔の水輪には、半肉彫りの石仏が彫られている。中央の最大塔の尊容は如来と見られるが、両脇は磨耗が激しく不明である。

最初に見つかった「延元戦没」と刻まれた石碑には、「古へを／しのばざらめや／今とても／色を得能の／塚の紅葉は／玄夢作」と和歌が記されているので、江戸時代を遡るものではないと見られる。また、一六基の五輪塔は室町時代後期のものなので、後世の人が新田軍の悲劇を聞いて、その供養のために造立したものと判断できる（長浜み〜な編集室二〇一五）。

新田軍の伝説

大字「塩津中」には、大将軍の祠が七つあるが、当地で多くが自害した新田義貞軍の生き残りが、自分の姓を祠につけ祀ったものと伝える。それらは、岡本、中原、柿町、辻、藤原、西、蔭山の七氏の大将軍の祠である（長浜市二〇一九）。

大字「余」の正応寺は、曹洞宗寺院で佐々木定綱が寺領を寄せて一堂を建立したのが創始と言われる。仁治三年（一二四二）に定綱の孫・泰綱が出家してこの寺に入り、現在の寺号を称したとされる。その後、二回の荒廃と再興を繰り返す中で、越前永平寺の末寺となり、正保二年（一六四五）に永平寺天海《てんかい》良《りょう》義《ぎ》が再興して現在に至っているという寺伝を持つ。寺には新田義貞軍の土居通増《みちます》と得能通綱《みちつな》の位牌があり、境内には両者の名が入った墓碑がある。この墓碑は、もともと大字「余」の中にあり、文明八年（一四七六）に洪水で消失した天台宗寺院・清養庵にあったものと言われる（長浜市二〇一九）。また、「余」の大川神社は土居通増を祭神とする。

　大字「横波」の地先、大字「余」に接した所に、小字「坂下」に「兵乱崎」という通称地名がある。雪中で迷って自害して果てた新田軍に関連する地名とも考えられる（長浜み～な編集室二〇一五）。地元の伝承によれば、新田軍は剣熊から大浦荘を横切り、「横波」集落の西奥から塩津荘に入り、大字「余」で塩津街道の谷に出た付近で、熊谷氏に討ち取られたと言われる。これだけの伝承があることからすれば、『太平記』に書かれた新田軍の悲劇が、塩津荘域で実際にあり、そのことを荘民たちが長く記憶に留めていたことがわかる。それは、塩津荘地頭熊谷氏が、荘内の交通を掌握していたことを示すものと考える。この点は、大浦荘の松平氏よりも一歩進んだ権限があったとも取れるが、港の支配まで権限があったことを示す史料はない。

四、香取神社と中世の港

「塩津五所大明神」の行先

塩津港遺跡では、大川の河口に形成された中州から、一一世紀後半から一二世紀末の神社跡が出土したことは、本書第一章などに詳しい。同じく出土した起請文木札の「神文」からすると、この神社は「塩津五所大明神」と呼ばれていた可能性が高い。「五所」とは、祀《まつ》られる神が五座であることを意味しているが、一二世紀末の本殿北の堀から出土した神像も五体で数が一致する。この神社は一二世紀末に廃絶した後、周辺に建立された状況はないが、果たしてどこに移ったのであろうか。

この発掘された神社は、起請文木札の「誓文」や立地から、塩津港やその市場、それに塩津街道の流通と密接に関わっていたと判断されるので、神社の移転先を探ることは、一三世紀以降、つまりは中世の港の位置を探ることになる。

ここでは、まずかつての塩津荘内に現存する神社について、上記の関心にしたがって、その由緒を読み込んでみよう。

「塩津中」香取神社の由緒

表4―1に荘内の神社の一覧を示した。この内、「塩津五所大明神」に関して検討する必要があるのは、大字「塩津中」に存在する香取神社である。「塩津中」という大字名は、「塩津荘の中心村」という意味と推定され、中世において港や市場が存在し、塩津から敦賀へ至る街道の出発点として、荘内の中心だったことを示唆する地名である。この「塩津中」にあった香取神社は、もともと大字「余」の字「池見」にあった「海北神」または「海北の宮」を前身とするという（滋賀県神社庁一九八七、長浜市二〇一九）。

社伝では創建は崇神天皇の時代といい、延暦八年（七八九）に大雨が降り、当地まで流されれ「塩津中」の田地中にとどまったのが現在地で、周辺が森林化して鎮守の森が形成されたと言われる。現在、香取神社が鎮座するのは「塩津中」の小字「上大森」で、この小字の北には「森ノ上」、西には「森西」・「森腰」、南には「森下」がある。西隣する大字「岩熊」の小字にも「森下」がある。これらの小字の成立は、中世とみるのが常識的なので、鎌倉・室町時代には、当地には香取神社の広大な鎮守の森が形成されていたことが推定される。

祭神は経津主神《ふつぬしのかみ》と、その祖に当たる磐裂神《いわさくのかみ》・根裂神《ねさくのかみ》・磐筒男神《いわつつのおのかみ》・磐筒女神《いわつつのめのかみ》の合計

表4－1　塩津荘内の現存神社一覧

番号	大字名	神社名	由緒
1	塩津浜	塩津神社	江戸時代は、「稲荷」・「稲荷明神」・「海北稲荷」と呼ばれた。式内社「塩津神社」を継承したと伝える。
2	祝山	香取五神社	江戸時代は「香取五神明神」と呼ばれた。余村にあった「海北の宮」を前身とする。慶長18年(1613)に氏子中で紛争があり、独自に分霊を祀った。
3	野坂	八幡神社	余村にあった「海北の宮」を前身とする。慶長18年（1613）に氏子中で紛争があり、当村が独自に分霊を祀った。
4	塩津中	香取神社	余村にあった「海北の宮」を前身とする。延暦8年（789）に大雨が降り、当地まで流された。経津主神など五座を祭神とし、湖上船舶の守護神として、付近18ヶ村の惣社として村人に崇敬される。
5	余	大川神社	新田義貞軍で当地戦死した土居通増を祀る。
6	集福寺	下塩津神社	式内社「下塩津神社」を継承すると伝える。
7	沓掛	八幡神社	江戸時代は「八幡宮」と呼ばれる。境内社に日吉天神社あり。
8	横波	日吉神社	元亀兵乱で焼失。
9	岩熊	矢合神社	式内社「矢合神社」を継承すると伝える。

五座である。経津主神は、下総《しもふさ》国香取神社の祭神であるから、その社名からして祭神とされたのは当然であるが、本社はかつて「香取五社（大）明神」と称したとされるので、祭神が五座であったのは中世から同じであろう。

　香取神社の祭神が五座である根拠は、大字「祝山」の香取五神社にもある。同社は、慶長一八年（一六一三）に、香取神社の前身「海北の宮」の氏子から離れて別に「香取五神明神」を建立した神社と言われている。「祝山」は江戸時代に、山城淀《よど》藩領・甲斐《かい》甲府藩領を経て、享保九年（一七二四）に大和郡山《やまとこおりやま》藩領となる。同年に作られた『大和郡山領郷鑑《ごうかがみ》』（中川一九九〇）には、祝山村の項に「除地　一、五社大明神　社地七畝廿六分　内八幡小宮も御座候　神主なし　村支配」とある。「祝山」へ分祀された神社が、江戸時代に「五社大明神」と称したことは、香取神社がもともと「香取五社（大）明神」と称した根拠となろう。

この「塩津中」の香取神社の祭神が五座であることと、塩津港遺跡から出土した神社「塩津五所大明神」の神体が五座であったこととの一致は、偶然ではないだろう。現在の「塩津中」の香取神社は、塩津港遺跡から出土した「塩津五所大明神」の後身と考えるべきだろう。

神社と港の位置

香取神社はかつて「海北の宮」と称したという社伝も興味深い。「海（琵琶湖）の北の宮」という意味であろう。まさしく、塩津港遺跡から出土した神社の位置を示している。また、湖上船舶及び土地の守護神だったと伝え、往昔は付近の村落一八ヶ村の奉斎する所で、湖辺の浦々から水上無難の神として崇められたという（滋賀県神社庁一九八七）。塩津荘は「塩津浜」・「祝山」・「野坂」・「塩津中」・「余」・「集福寺」・「沓掛」・「横波」・「岩熊」の九ヶ村と見られるから、残りの九ヶ村がどの集落を指すかは不明ながら、塩津荘の総鎮守であったことを示しているのであろう。

さらに、本社が船舶及び、湖上交通の神と見なされていたことは重要であろう。塩津港から出土した神社もそうであったように、この香取神社の南は湖辺であり、周辺には港が存在したことを表す。一二世紀に塩津港遺跡の「塩津五所大明神」が廃絶した後、琵琶湖の水位が上昇し、湖岸と港が北上し、この香取神社付近が水際となった。そこに、新たに鎮座した神社が、現在の香取神社であったと理解できるのである、つまり、この香取神社の位置は、中世の塩津港の位置を推定するための重要な手がかりとなるのである。

香取神社の東には大川が流れ、それを越えると敦賀へ至る塩津街道が南北に通る。大川の香取神社以南の小字が「下川原」、以北が「中川原」で、その北には「後川原」という小字が残る。「川原」地名は川と住民の接点を指すと見られるし、香取神社のすぐ東との位置関係からして、中世の港が存在した地と見ていいだろう。現香取神社の南周辺に目を移すと、東の大字「塩津浜」・「祝山」、西の「岩熊」、北の「塩津中」に囲まれた美田《びでん》地域は、中世の段階では湾として大きく湖水が入り込んでおり、南からの船は現在の香取神社東の「下川原」や「中川原」付近で荷を降ろしたと推定できる。

湖水湾入の痕跡

この塩津荘の奥まで入り込んだ湖水は、近世において琵琶湖の水域後退により消滅し、最終的に湖側に残った湖水は、昭和一九年（一九四四）から二四年（一九四九）にかけて行なわれた干拓事業で埋め立てられ、現在の汀線《ていせん》が定まったと見られる（長浜み～な編集室二〇〇八）。上記の美田地域がかつては湖面であったことは、塩津街道の古道が、「塩津浜」から「塩津中」に直接至るのではなく、山際の「祝山」・「野坂」の集落を通り、平地を迂回《うかい》するように通っていたと推定されることからも分かろう。湖水の縁を回るように、塩津街道が走っていたことになる。

香取神社周辺から水が引いた江戸時代後期に、塩津街道も「祝山」や「野坂」を経由することなく、平地を北に真っ直ぐに向かう「塩津浜」から直接「塩津中」に出る経路に変更されたものと考えられる。

大字「岩熊」の伝承では、集落東側の田地二五町程度は、この地が干拓され開墾されるまでは、琵琶湖が湾入した湖水であったという。それまで、「岩熊」の主産業は漁業だったという。確かに、明治一三年（一八八〇）前後の編纂《へんさん》である「滋賀県物産誌」（『滋賀県市町村沿革史』五所収）によれば、「岩熊」の農家は「傍ラ養蚕製茶或ハ漁業ヲ事トス」とある。現在は「岩熊」の集落は琵琶湖に面していないが、かつては丸子船を使った運送業に携わる者もあり、湖と密接に関わった生活がなされていたと考えられる。

また、明治二六年測図の二万分の一地形図によれば、「塩津中」の集落は江戸時代までの塩津街道沿いに街村を形成するが、その西にL字状の街村を付属させている（図4―2）。南に伸びる街村の先端には、真宗大谷派の寺院である福玄寺があるのみである。このよう

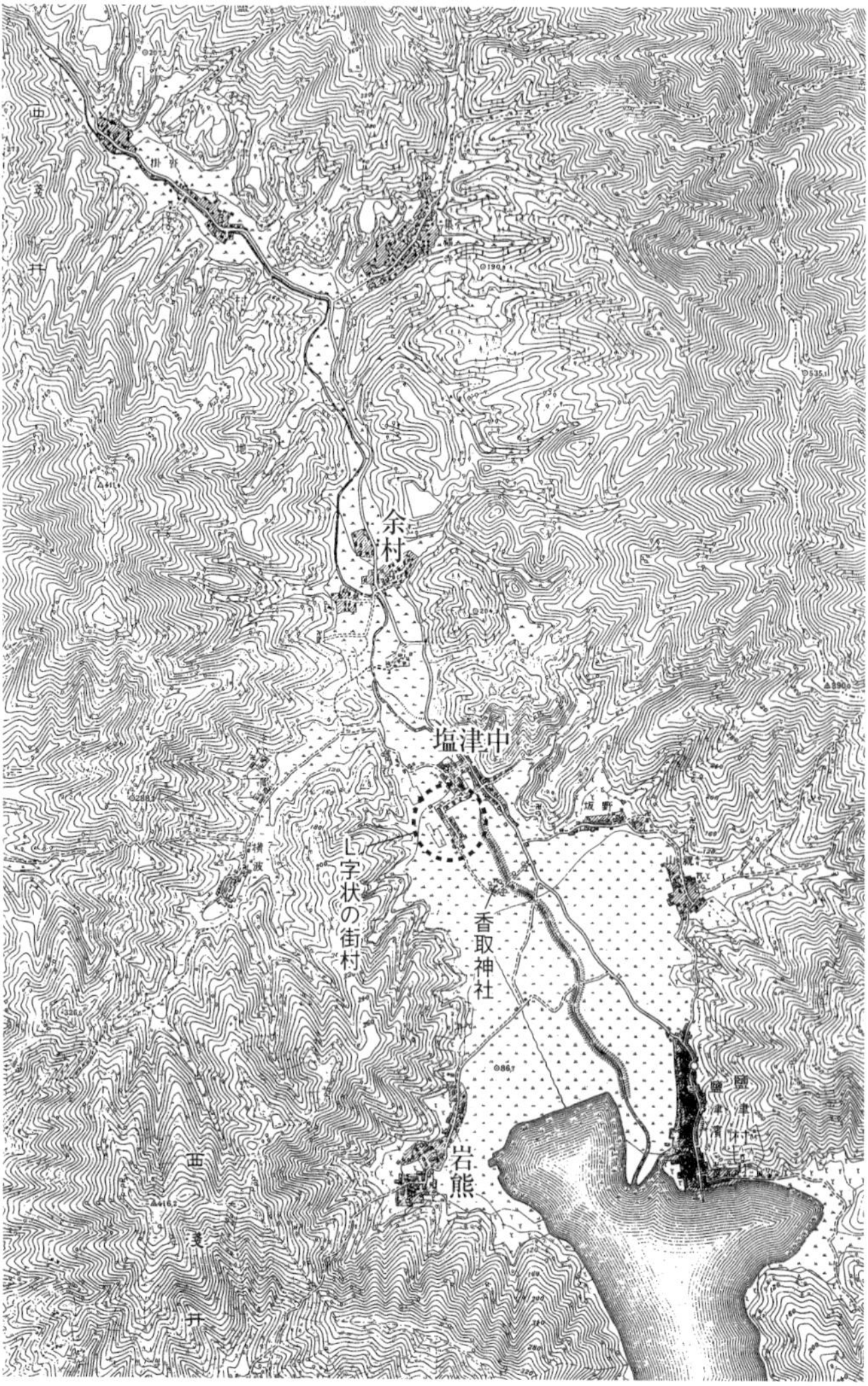

図4-2　明治26年測図1/20,000正式図（筆者加工）

な行き止まり状の街村は通常はあり得ず、途切れた場所から湖水になっていた可能性がある。つまり、このL字型の街村は、港に付随する町並みの名残りではないかと推測される。

さらに北にあった港

ここで、もう一点考えなくてはならないのは、この香取神社が大字「塩津中」の北にある大字「余」の小字「池見」から洪水に流されて、この地にとどまったという伝承を持つことである。この社伝から、塩津港遺跡から出土した神社が一二世紀に廃絶した後、鎌倉時代の一三世紀に、香取神社の背後にも湖水がまわり、そこが港として使用されていた時があったことを想定すべきだろう。つまり、「塩津五所大明神」の後身である香取神社は、一度谷奥の「余」に移り、一定の時代を経て、中世のある時期に「塩津中」の現在地に移動したと考えられる。「余」の「池見」は集落の東側の山中にある小字で、香取神社の旧地としては相応しくない(図4―1参照)。

そこで注目されるのが、大字「余」の清養庵跡である。この寺は、大川沿いの「庵の前」という地名の場所にあった天台宗寺院で、文明八年(一四八六)に洪水で流され廃絶したという伝承を持つ。周辺には「墓田」という地名があり、「前田」の地名はこの清養庵の前の田という意味とされる。前述した正応寺の土居・得能の墓も、この地にあったものとされる(長浜市二〇一九)。

これまでの琵琶湖汀線《ていせん》変動の研究によれば、元暦二年(一一八五)と文禄五年(一五九六)

の二回の地震の影響と、江戸時代の瀬田川河床の隆起や土砂堆積により、天保二年～四年（一八三一～三三）の瀬田川大浚渫《しゅんせつ》の直前に、最も琵琶湖水位が上昇したとされる（宮本・福澤二〇〇二）。塩津荘における大川河口の後退にみる琵琶湖の水位の上昇も同様に考えられよう。清養庵が流されたとされる文明八年頃は、この庵の間際まで琵琶湖が湾入しており、大雨等で水位がさらに上がり流されたと理解できよう。

つまり、中世後半までの港はこの「余」にあり、それ以降に「塩津中」の香取神社付近まで港が後退した可能性を、この伝承から読み取れないだろうか。ただ、水位は江戸後期が最高だとすると、文明以降の塩津荘における水位の後退を説明できない。また、中世後半以前においても、「塩津中」の集落はその形状から存在していたと見られ、内湖状に北へ水域が伸びており、清養庵付近まで達していたのではないかと推測される。「庵の前」の西にも「中川原」の地名が存在し、人と水域との接点であった可能性をうかがわせる。逆に、江戸時代に入ってからも「塩津中」から上の「余」付近は以前同様に湖沼となっており、港として使用されていた可能性も否めない。

つまり、中世から近世にかけて、清養庵付近の港と香取神社付近の港は同時に機能していた可能性があろう。総じて、中世の港は「余」から「塩津中」の大川沿いや周辺に展開した湖沼にあったと結論できよう。それが、中世後半から江戸時代に向かい、徐々に港の中心が南下し、江戸時代には香取神社周辺の大川や湖沼を港としていたと見たい。さらに、港が「塩津浜」の大坪川沿いに移動したのは、瀬田川の浚渫による水位低下によるもので、江戸時代後半から明治時代まで下ると考えられる。この江戸時代以降の状況については、本章の最後にもう一回考察しよう。

五、近世の港と湖上交通

江戸中期から明治時代へ

江戸時代になると、塩津荘域の内、先述した祝山村の他、塩津浜村と沓掛村が、享保九年(一七二四)に大和郡山藩領となった。そこで、塩津浜村に関して『大和郡山領郷鑑』を概観すると以下のようになる。

村高は五四〇石四斗五升九合という明暦二年(一六五六)検地の結果を示すが、一五一石三斗一升四合の「永荒海成」があり、琵琶湖水位上昇にともなう浸水被害が見られる。一四石八斗の「大網運上」を計上しているが、これは月出村・岩熊村・塩津浜村合計額との付記もあるが、塩津浜村は漁業も盛んであったことを示していよう。同村の戸数は一七一軒、人口は八一七人とある。農業以外の職業として、医師二人、職人五人(大工二人、桶《おけ》屋二人、船大工一人）、酒屋二軒、商人一一人（油屋五人、柴屋六人）とある。当時、塩津浜村に塩津港があったとしたら、町場としては少々賑わいに欠ける気がする。なお、現在の塩津神社を「稲荷」と記し、宮寺であった清養寺の管理下にあるように記しているのは興味深い。「余」の清養庵と関連があるのだろうか。境内社として八幡・愛宕《あたご》社を上げている。

明治一三年（一八八〇）頃に編纂された『滋賀県物産誌』の「塩津浜」の項には、「琵琶湖ニ臨ミテ一港湾ヲナス、地勢平坦ニシテ、敦賀街道ノ要路ニ当リ、実ニ湖北ノ一埠頭《ふとう》ナリ、道路開通シテ運輸其便ヲ得ルノミナラス、水路亦《また》船楫《かじ》ノ利ヲ達シテ、百貨自在ニ流通セリ」とある。戸数は二五四軒で、先の江戸中期の記録よりは、八〇軒余り増え、人口も九五二人と一三〇人余りの増加を見る。さらに、二五四軒すべてが農家とし、「傍ラ物資ノ貨送及ヒ旅籠《はたご》屋酒造家醤油屋等ナリ」として、町としての賑わいを示す。ただし、貨物輸送に携わる農民が居住することは、「祝山」・「塩津中」・「余」といった塩津街道沿いの村々に共通する記述となっている。

塩津港の変遷

この『滋賀県物産誌』の記述で注目されるのは、「塩津浜」の「沿革」である。そこには、「近世マテハ微々タル寒村ニ過キザリシカ、維新以来敦賀港ニ達スル道路ヲ開ラキ、随テ湖上ノ水路皆此地ニ通シ、日ヲ追フテ、繁盛ニ赴キ、汽船ノ往復日夜絶ヘサルニ至レリ」とある。この記事をそのまま解釈すると、「塩津浜」

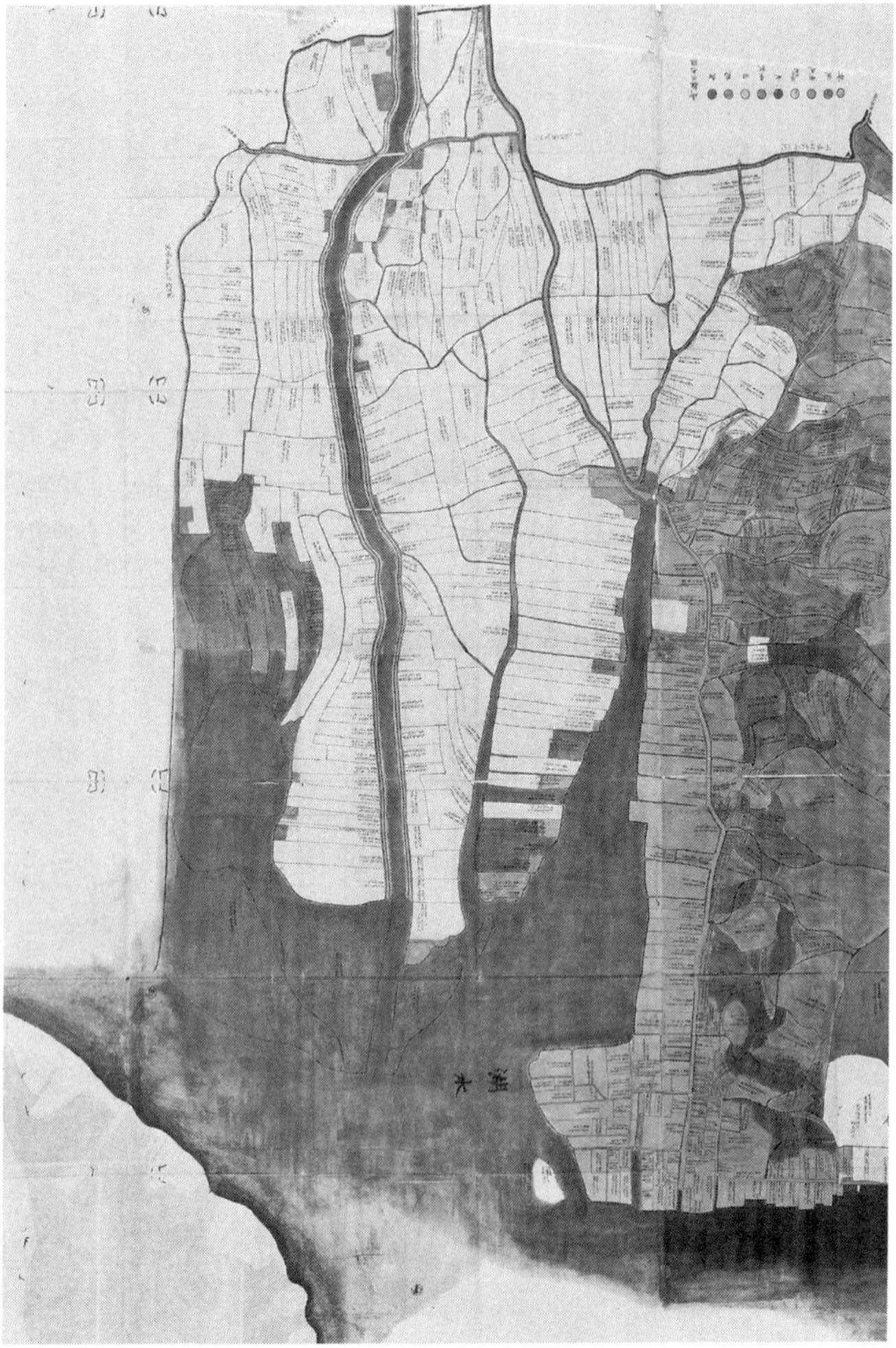

写真4-1　明治6年　浅井郡塩津浜地券取調総絵図
（塩津浜自治会蔵、伊藤潔氏撮影）

に琵琶湖最北の港があり、そこから発する塩津街道（敦賀街道）との水陸交通の結節点として栄え始めたのは明治維新以降のことで、それまでは小さな寒村であったことになる。地元の伝承では、江戸時代の塩津港は、「塩津浜」の街村の西に沿った大坪川が港湾施設として使われたとされるが、それは明治以降の姿であったことになる。

先の『大和郡山領郷鑑』の記述を勘案すれば、江戸時代の前期までは、塩津浜村よりは奥の塩津中村の香取神社周辺に港があり、それが瀬田川大浚渫による水位の低下により、江戸時代後期を通して徐々に塩津浜村の方へ港が移り、幕末から明治時代前期に至り、大坪川を港とする塩津港が確立したと考えることができる。

本章を通して、古代から続く琵琶湖舟運の最重要港である塩津港は、塩津荘や塩津の谷全体を見渡して、その位置や形状を考察する必要があることが解明できた。発掘された平安時代後期に当たる一一・一二世紀の港は、鎌倉時代・室町時代の中世には、水位上昇により谷奥の「余」や「塩津中」まで後退した。それは江戸時代まで変わらないが、徐々に港の機能は「余」から「塩津中」へ移っていった。それが、江戸時代後期の瀬田川大浚渫による水位低下により、「塩津浜」の大坪川を港とする形態へ変化していった。江戸時代後期の港の場所は、平安時代に戻ったが、護岸を固め、埠頭・桟橋を構築して港とする平安時代の港とは、大きく構造が異なる河川を利用した港となったと考えられるのである。

琵琶湖舟運については、これまで中世・近世における制度上の研究や、琵琶湖特有の形状をした和船・丸子船の研究は隆盛であるが、港の構造や位置についての研究はほとんどなされていない。塩津港遺跡の発見により、古代の港のみならず、中世・近世における琵琶湖の港湾施設についての研究も関連して行なわれ、琵琶湖舟運の具体相がより明らかになることを望みたい。本章がその魁《さきがけ》となればと思う。

参考文献

太田浩司「湖北における奉公衆の動向―佐々木大原氏を中心として―」、『駿台史学』八三、一九九一年
太田浩司『湖の城・舟・湊―琵琶湖が創った近江の歴史―』、サンライズ出版、二〇一八年
加藤正俊「塩津地頭熊谷氏と空谷明応と長生宗久尼―『菅浦文書』と『大徳寺文書』との接点―」、『禅文化研究紀要』二六、二〇〇二年
塩津浜歴史研究会『設立二〇周年記念誌　塩津浜かいわい』、二〇一五年
滋賀県教育委員会『滋賀県中世城郭分布調査』七、一九九〇年
滋賀県神社庁『滋賀県神社誌』、一九八七年
滋賀県立安土城考古博物館『第六〇回企画展　塩津港遺跡発掘調査成果展―古代の神社と祭祀を中心に―』、二〇一九年

市立長浜城歴史博物館『特別展　竹生島宝厳寺』、一九九二年
特別展「湖北真宗の至宝と文化」実行委員会『特別展　親鸞聖人七百五十回忌記念展示事業　湖北真宗の至宝と文化』、二〇一一年
長浜み〜な編集室編「特集　湖畔日和　湖に沿って歩いてみよう」、『地域情報誌み〜な』一〇一号、長浜みーな協会、二〇〇八年
長浜み〜な編集室編「特集　石塔は語る」、『地域情報誌み〜な』一二四号、長浜みーな協会、二〇一五年
中川真澄『江州御領郷鑑』、一九九〇年
長浜市『長浜市歴史文化基本構想　地域別文化財紹介冊子1　西浅井町の文化財』、二〇一九年
長浜市長浜城歴史博物館『菅浦文書が語る民衆の歴史―日本中世の村落社会―』、サンライズ出版、二〇一四年
長浜市長浜城歴史博物館『塩津―はこぶ・まつる・にぎわう古のみなと―』、二〇一九年
宮本真二・福澤仁之「最終氷河期以降の琵琶湖の湖水位・汀線変動」、『月刊　地球』二六四、二〇〇一年

第五章　古代・中世の塩津と環境変化

水野　章二

一、塩津の全国的な位置

塩津と北陸道

塩津は古代以来の全国的な重要津湊である。序章でもふれたように、『延喜式《えんぎしき》』「諸国運漕雑物功賃」の記載によれば、若狭国の運上物は陸路で湖西勝野津（現高島市勝野）に運ばれ、琵琶湖上を大津へ向かい、そこから陸路で京都に運ばれたが、それ以外の越前・加賀・能登・越中・越後・佐渡といった北陸道諸国では、越前敦賀（現福井県敦賀市）から塩津を経て、京都へ輸送された。治暦元年（一〇六五）九月一日の越中国司に宛てた太政官符《だじょうかんぷ》（『平安遺文』補二七三）には、次のような内容が含まれている。

一　まさに停止すべき路次の国国の津泊等、勝載料《しょうさい》と号し、運上の調物を割取る事

近江国　塩津　大津　木津

若狭国　気山津

越前国　敦賀津

右、同前の解状を得るに偁《いわ》く、謹んで案内を検ずるに、当国は北陸道の中、是れ難治の境也、九月以後三月以前、陸地は雪深く、海路は波高し。僅んで暖気の期を待ち、調物を運漕するの処、件の所所の刀禰《とね》等、勘過《かんか》料と称して、調物を拘留し、公物を割取り、綱丁《こうちょう》を宛凌《えんりょう》す。徒らに数日の沙汰を送るの間、空しく参期を過ぐ。遅留の怠たり、もととして此による。これただ官物の減耗に非ず。兼て又、進済の擁滞を致す。

望み請《こ》うらくは天恩、傍例に因准し、件の所所の勘過料を停止せられ、まさに行程の限りを全し、いよいよ合期の勤を致さん、（以下略）

一一世紀後半には、近江国の塩津・大津・木津《こづ》（現高島市木津）、若狭国気山《きやま》津（現福井県若狭町）、越前国敦賀津で、勝載料や勘過料という名目の費用徴収をめぐって、港湾施設の修造などの公的業務に携わっていた現地管理人集団である津の刀禰と、運送に携わる綱丁との間で紛争が起きており、越中国司の訴えを受けた中央政府は、原因となった勘過料徴収の停止を命じた。年貢が貢進される冬季は、季節風で海が荒れやすい時期である。九月以後三月以前の日本海は波が高く、暖かくなる時期を待って調物を運漕していたが、港湾の使用や管理の経費負担についての争いが、官物の輸送に悪影響を及ぼすまでになっていたのである。本書第三章で述べられているように、塩津港遺跡からはこれまでの起請《きしょう》文《もん》研究を大幅に書き換える大量の起請文木札が発見されており、確認できた木札の年紀は、保延三年（一一三七）から建久三年（一一九二）までとなっている。これらの木札は、塩津の交通・流通に関わった人々が奉納したと考えられるが、記された時期は四月から一〇月に集中する。日本海が荒れる冬場には作成されておらず、その間塩津への物流はいったん低下するのである。年貢米などの京都への貢納物が塩津で集荷・保管・積み出しされる一方、塩津から敦賀へ運ばれたものも確認されている。または塩津には馬も搬入されており、馬小屋などの施設も整っていた。

交通路の変化

この太政官符が示すように、一一世紀後半には、北陸道諸国からの公的輸送ルートは、『延喜式』で定められた敦賀津―塩津―大津の越前ルートと、新たな気山津―木津―大津の若狭ルートの二本に分かれ、複線化していた（戸田一九九二）。『延喜式』では、若狭からの貢納物は勝野津から大津に向かっていたが、木津から大津へと変更されたのである。この背景には、中世荘園を成立させていく大きな交通・流通の変化が想定される。この時期、京都近辺の要港であった大津や淀《よど》津（現京都市伏見区）・山崎津（現京都府大山崎町）などでは、津の政所《まんどころ》が現地責任者である刀禰らを管轄しており、都から派遣された検非違使《けびいし》が、津の検察行政を実施していたと推定されている（戸田一九九二）。塩津のような公的色彩の強い津湊でも、検非違使などの公権力の関与があったと推測してよいが、その実態はまったく不明である。本書第一章で詳述されているように、塩津では一二世紀の造成によって津の形状がめまぐるしく変化しており、調査区内だけでも湖岸は四〇メートル前進し、地面は二・五メートル嵩《かさ》上げされたが、造成工事の単位は小さく、小単位の工事を繰り返し、積み重ねて築かれている。工法も多様で、古代のような整然と並ぶ建物はみられず、小規模な建物が混然と密集しているという。この段階では、計画的な統一性はなく、津湊を利用するさまざまな権門・諸勢力が、それぞれに拠点を競って構えていた状況を想定するべきであろう。

前掲の太政官符は、『勘仲記《かんちゅうき》』弘安一〇年（一二八七）七月一三日条に記されたものである。同日、政府で協議された議案のなかに、七月三日に出された越中守源仲経《なかつね》からの三箇条の申請があり、関連した治暦元年（一〇六五）太政官符が参照されて、問題なく裁許された。特に「先例に因准し、路次の国々の津泊等、勝載料と号し、運上の調物を取るを停止せらるを請う事」という条項は、五つの津湊の名称を含めて同文といってよく、明らかに治暦官符を先例として強く意識したものであった。治暦段階と同様の津湊の利用・管理をめぐる紛争が、一三世紀後半にも起きていたことになるが、その頃から船の往来の活発化に対応して、水上交通の要衝であった津湊で、船や積荷に対しさまざまな名目の津料・関料を賦課する動きが顕在化してくる（錦二〇〇二）。しかし一四世紀末・一五世紀になると、若狭では気山津は史料に現れなくなる一方で、小浜《おばま》（現福井県小浜市）が新しく日本海交通の重要港として登場する。それと結ぶ近江湖西側でも、木津に代わって今津（現高島市今津）が基幹港となる。塩津港遺跡が津湊として機能していたのは、ほぼ木津と同じ時期であり、やはり一四世紀の終わり頃まで使われ続けて後、水没してしまう。しかし木津とは異なり、塩津は塩津湾内で場所を変えながら、津湊として存続し続ける。本章では、塩津と密接な関係にあった敦賀や木津との関連などから、塩津の特質を整理するとともに、津湊立地と環境変化の問題を考えていきたい。

二、塩津と中世の交通

王家領荘園塩津荘

塩津は古代・中世の全国的重要港であったが、史料が乏しく、その実態についてては、断片的な事実が知られるにすぎない。中世では塩津荘となっていたが、成立した時期や経緯・四至（範囲）などは不明である。鎌倉末頃と推定される室町院《むろまちいん》所領目録（『鎌倉遺文』二一三〇七）の「散在御領」のなかに「近江国塩津庄」

がみえ、「御別相伝　院御分」とされている。室町院領は、後高倉院《ごたかくらいん》とその妃北白川院《きたしらかわいん》陳子を経て、伯母式乾門院《しきけんもんいん》利子から室町院（後堀河天皇皇女暉子内親王）に伝領された荘園群である。その遺領をめぐって、王家内部で争いが起こり、式乾門院から一部を相続したと主張する宗尊《むねたか》親王女の瑞子女王（のちの永嘉門院《えいかもんいん》）と亀山天皇・伏見上皇の三者間で争いとなる。結局幕府の調停により、亀山・伏見間で折中されることになるが、大覚寺《だいかくじ》統と持明院《じみょういん》統への王統の分裂などもあり、争いはその後も続いた。持明院統に伝わった室町院領は花園上皇を経て、応永五年（一三九八）には、その皇子直仁《なおひと》親王から伏見宮栄仁《ふしみのみやよしひと》親王に伝わる。鎌倉末の室町院遺領置文案（『兵庫県史』史料編九）では、「室町院御管領百余ヶ所」とあるが、康永元年（一三四二）の一一月一二日の花園上皇処分状（同）では、「室町院御遺領十ヶ所」となっており、多くの荘園が離れていた。応永五年（一三九八）一〇月一六日の後小松天皇綸旨《りんじ》案（同）で栄仁親王の支配を承認されたのが、元室町院領であった「伊賀国長田庄・近江国山前《やまさき》南庄・同橋爪号七里・同八里・同北庄約・同国今西庄・同国塩津庄・若狭国松永庄・越前国磯部庄内粟田島・備中国大島保」と播磨国衙《こくが》の年貢であった。

　このような過程を経て、塩津荘は伏見宮家領となったが、永享一二年（一四四〇）八月二八日伏見宮家領目録案（同）には、

　一、近江塩津荘・同今西庄両庄年貢卅五貫加増分三百疋

庭田大納言御恩千疋今西分　冷泉三位八百疋故正永御訪相続給、塩津分

田向三位五百疋塩津分

とあり、塩津荘と近接する今西荘を合わせた年貢額や、それを知行・配分される人名と受け取り額が記されている（一疋《ぴき》は銭一〇文）。「庭田《にわた》大納言（重有）」や「冷泉《れいぜい》三位（永基）」「田向《たむかい》三位（長資）」は、伏見宮家の関係者である（横井一九七九・金井一九九九）。この後も塩津荘は伏見宮家領荘園として存続し、伏見宮貞成《さだふさ》親王の日記『看聞日記《かんもんにっき》』にも、何度も登場する。

しかしこれらの王家領塩津荘関係史料には、荘園支配をめぐるさまざまな困難はうかがえるものの、津湊に関する管理権・収益などについてはまったく現れない。伏見宮家が津の支配を行っていた形跡はなく、津は塩津荘内にあったものの、別系統の支配が及んでいたと考えられる。中世においても、塩津の交通上の機能・役割はきわめて大きく、それにともなう多大な権益を生んだはずである。荘園制的な土地支配とは異なる、広域的な交通・流通システムにもとづく支配の下に置かれたと思われるが、それがどのようなものであったは解明できていない。後述する敦賀や木津は、王家領荘園として成立しながらも、やがて山門の支配下に組み込まれていく。塩津の場合も山門の強い影響力が及んだ可能性が強いが、津湊支配に直接関わる史料は残されていないのである。

『看聞日記』嘉吉《かきつ》三年（一四四三）一一月二四日条には、「熊替《くまがい》（谷）下野入道此の間出家参る、塩津公《く》

文職《もんしき》安堵の事を申す、此の在所ハ熊替一族三郎左衛門知行の間、去秋令旨《りょうじ》を申し給いおわんぬ、然るに此の間自害せしむと云々、若しくは今度の凶徒同心か、其の旨趣不審なり、仍《よ》って闕所《けっしょ》と号し、飯尾備中（為秀）望み申す所の間、下野入道事の子細を申し披て安堵を成さると云々、仍って安堵を申すの間令旨を給う」とある。塩津荘の公文職は熊谷一族が伝えてきたものであったが、去秋熊谷三郎左衛門に安堵の令旨を下したのに、凶徒同心の疑いを受けて自害したため、いったん没収されてしまう。他の公文職希望者が現れたものの、熊谷下野入道が釈明して、ようやく安堵されたのである。「凶徒同心」とは、この年の九月に旧南朝方の軍勢が後花園天皇の内裏を襲撃し、三種の神器のうちの剣・璽《じ》を強奪した、いわゆる「禁闕《きんけつ》の変」への関与を疑われたものであろうか。塩津荘に根を張っていた熊谷氏は、承久の乱の結果、地頭として入部した関東武士で、公文職も相伝していたのである。この塩津熊谷氏は、武蔵国熊谷郷を本貫とし、『平家物語』・『吾妻鏡《あづまかがみ》』などにも登場する熊谷直《なお》実《ざね》にはじまる熊谷氏のなかでも、直実の嫡子直家の系統で、新恩地塩津荘に本拠を移した熊谷惣領《そうりょう》家であった（柴崎二〇〇七）。

塩津地頭熊谷氏

すでに第四章でもふれられているが、塩津熊谷氏については菅浦《すがうら》文書などに関連史料が含まれている。文永六年（一二六九）九月九日藤原行方愁状案（『鎌倉遺文』一〇四九一）によれば、菅浦惣追捕使《そうついぶし》職は行方の父小串《おぐし》民部大夫入道が知行しており、これを聟《むこ》の熊谷二郎左衛門尉直村に預け置いたが、菅浦百姓が神人の威を借り狼藉《ろうぜき》を行ったため、直村がこれを召し籠めたところ、惣追捕使職を召し上げられてしまう。菅浦の惣追捕使職は領家《りょうけ》である竹生島《ちくぶしま》に補任権があるが、承久の乱によって、上野御家人である小串氏が「故武蔵前司入道殿（北条義時）」から補任されるという経緯があった。それを預かっていた熊谷直村が菅浦との紛争により没収されてしまったため、あらためて惣追捕使職の回復を要求したのである。同三月の菅浦供御人《くごにん》等申状案（『鎌倉遺文』一九六四一）では、「当国塩付（津）地頭七郎二郎舎弟《しゃてい》熊替余一等」が「供御人等の田を進退すべきと申せしめて、当浦に打入り、漁を濫妨《らんぼう》せしめ、剰《あまつ》さえ家内に打入り、追捕狼藉《ろうぜき》を致すの条、希代の悪行也」と訴えられている。塩津荘地頭熊谷氏は、惣追捕使と主張して隣接する菅浦の支配に介入したのであるが、永仁六年・七年（一二九八・九）にも、菅浦惣追捕使と号して菅浦に乱入するという事件を起こす。菅浦側の訴えを受けた六波羅探題《ろくはらたんだい》のたびたびの召喚命令にも応じなかったが、結局は菅浦惣追捕使職を確保することはできなかった。

建武二年（一三三五）正月二六日越前国河口荘狼藉人交名《きょうみょう》注進状（『大日本史料』六―二）などによれば、「上御使」や「国司代」・「守護代」が、「近隣与力《よりき》輩」を率いて、興福寺大《こうふくじだい》乗院《じょういん》領越前国河口《かわぐち》荘新郷政所に乱入し、「御供米《くまい》以下色々御年貢」や鎧《よろい》・腹巻《はらまき》・太刀《たち》・馬などを奪い去るという事件が発生した。大乗院から「悪行狼藉」を訴えられた中心人物の一人に「上御使塩津熊替近江国住」がいる。塩津荘地頭熊谷氏は、建武政権の越前国の上使として、北陸地方にまで活動範囲を拡げていたのである。暦応二年（一三三九）三月二三日左近入道注進状（『菅浦文書』四二）からは、大浦荘の住人左近入道が竹生島から粟《あわ》俵・籾《もみ》俵を積み込んで大浦に戻る途中、「くまかへ（熊谷）のひかしとの（東殿）ヽとのはら（殿原）ゆきあい候て、しやうしち（荘質）とかう（号）しておさえとられ候ぬ」という事態が起きたことが知られる。熊谷氏と大浦荘との間に紛争が起きており、大浦荘住人の船や荷物が差し押さえられた。大浦への勢力拡大が図られたのであろうが、第四章でもふれられているように、熊谷氏は交通・流通や港の支配については、あまり権限が行使できなかった可能性が高い。

　熊谷氏は大浦荘や菅浦などとの紛争を繰り返すが、室町時代には、幕府奉公衆《ほうこうしゅう》としての活動も顕著になる。また塩津には、熊谷氏に関わる応聖寺《おうしょうじ》・青龍寺といった禅宗関係の寺院が開かれており、相国寺《しょうこくじ》三世空谷明応《くうこくみょうおう》も熊谷氏の出身であった。空谷明応は、相国寺や天竜寺の住持などを歴任し、後小松天皇から仏日常光国師《こくし》の諡号《しごう》を受け、また足利義満などに篤く帰依された室町時代初期を代表する禅僧の一人である（『大日本史料』七―八）。熊谷氏に嫁いでいだ応聖寺宗久《そうきゅう》尼は一休《いっきゅう》の師であった華叟宗曇《かそうそうどん》の弟子で、その関係で宗曇は塩津高源院《こうげんいん》で晩年を過ごし、死去している（加藤二〇〇二）。このような関係で、塩津周辺には禅宗が浸透しており、中世後期には、近江守護や幕府を背景とした熊谷氏の影響力がさまざまな形で強化され、菅浦の領主にもなっていくが、やがて湖北の戦国大名浅井氏の支配が及ぶことになる。

山門・日吉社と交通

山門《さんもん》・日吉《ひえ(ひよし)》社は中世日本における最大の寺社勢力の一つであり、交通・流通に果たした役割はきわめて大きい。特にその膝下《しっか》である近江では、圧倒的な影響力を有していた。院政期における近江国国内名士の典型的人物であった中原成行は、白河院召次勾当《めしつぎこうとう》・愛智《えち》郡司などの地位を有し、また日吉神人《ひえじにん》でもあった。日吉社大津神人は、京都を基盤にした高利貸業者の典型的存在で、日吉社が収納した年貢米(神物)を、各神人が運用し、諸国を往来して高利貸を行っていた(戸田一九九一)。日吉神人は大津に本拠を置く神人と、各地に拠点を有して活動する在国神人がいるが、とりわけ北陸道ではすべての国々に配置されたと推定されている。琵琶湖と北陸を結ぶ交通路に対する支配に関わり、神の権威の下に、自由通行権などの特権を行使したのである(網野一九九八)。山門・日吉社は越前や若狭をはじめとする北陸道諸国に多くの所領を保持して、末寺・末社のネットワークを拡げており、日吉神人の動きも活発化していく。

その影響力は、当然塩津にも強く及んだ。本書第三章でふれられているように、塩津港遺跡から発見された起請文木札の年紀は、保延三年(一一三七)から建久三年(一一九二)までであるが、そこに記された神仏の秩序から、この時期の宗教構造が分析できる。起請文作成に当たっては、誓約をする神仏が勧請されるが、梵天《ぼんてん》・帝釈《たいしゃく》などの上界の神仏に続き、下界では王城（都）鎮守《ちんじゅ》神・当国（近江国）鎮守神・当郡（浅井郡）鎮守神・当所（塩津）鎮守神が順番に記される。当国（近江国）鎮守神はすべて筆頭神は日吉山王《さんのう》七社で、ほとんどが単独で記される。山王七社に続いて建部《たけべ》・兵主《ひょうず》・三上《みかみ》と列記する起請文が三例あるが、建部は近江国一宮、兵主と三上は野洲《やす》郡内の式内社で、琵琶湖や瀬田《せた》川・野洲川の交通などに関係が深い神社が名を連ねていると思われる。日吉社は、塩津起請文の誓約内容にあるような運送業者を支配下に治め、琵琶湖の湖上交通の実態を掌握していた可能性が高いのである。天台王国近江における古代以来の重要津湊であった塩津に、山門・日吉社の影響が及ぶのは必然であった。起請文木札にみえる「穴太《あのう》」などの人名が、山門・日吉社の膝下《しっか》の地名でもあることから考えるならば、起請文に誓約している人々のうちに、日吉神人が含まれている可能性も高い。

正安元年（一二九九）二月五日山門衆会《しゅうえ》事書（『鎌倉遺文』二〇一〇七）では、「竹生島蓮花《れんげ》会頭役《えとうやく》は、慈恵《じえ》大師御輿行として、山門三箇大事のその一なり」で、「浅井東西郡地頭御家人、その外甲乙人《こうおつにん》・神人・宮人勤仕の例、その隠れなきもの」であったが、「塩津荘住人弥太郎男幷びに西塔釈迦堂《さいとうしゃかどう》六十六人神人」が、「大師御輿行の神祭札を押取る」という妨害行為を働いたことを厳しく処断している。蓮花会は法華経を講讃し、供花として蓮華を献じたことから名付けられたもので、慈恵大師良源《りょうげん》が貞元二年（九七七）に始めたとされる竹生島蓮花会は、法華経の読誦《どくじゅ》や船渡御《ふなとぎょ》の際の散華《さんげ》などとともに、頭人二人が島から迎えた神霊を、もう一度島へ還御するという行事を中心に展開する。頭人は名誉ではあるものの、負担もきわめて大きく、その莫大な費用から蓮華会頭役をめぐる訴訟が中世には何度も起きている（長浜市立長浜城博物館一九九二）。山門西塔の釈迦堂神人らが、なぜ山門に関係の深い竹生島蓮花会を妨害したのかははっきりしないが、塩津荘住人と結託した行為で、塩津に山門の影響が及んでいたことは間違いない。のちには竹生島宝厳寺《ほうごんじ》は室町幕府の祈願寺となり、戦国大名浅井氏も竹生島を手厚く保護し、蓮華会の頭役まで勤めている。

敦賀と気比社

次に塩津と深く結びついていた日本海側拠点津湊である敦賀の状況を確認しておきたい。敦賀は、若狭湾の東端、敦賀湾の最奥部に位置しているため、北西季節風の影響を受けにくく、船舶の繋留《けいりゅう》に適していた。『延喜式』からは津以外にも、北陸道の松原駅や渤海《ぼっかい》使滞在用施設である松原客館、気比《けひ》神社などが位置したことが知られる。古代の敦賀津は、海岸線に平行して伸びた浜堤《ひんてい》状の砂丘の内側に、気比社に近い東の入江と、松原客館や松原駅が設けられていた西の入江の二つの潟湖《せきこ》（ラグーン）を中心に設定されていたと推定され（南出一九七八・二〇一八）、越前国司の下で敦賀郡司が津の管理を行っていたと考えられる。気比神社は、元来は一地域神であったが、食物の神・海上交通の守護神とされ、東アジアの国際関係のなかで、国家から特別の尊信を受けるようになり、寛平五年（八九三）までに正一位勲一等と、畿外の神では最高位にまで上昇し、国家安穏の祈願を目的とする守護神へと転化していく（福井県一九九三）。気比神社は松原客館を管理する立場にもあり、のちには越前国一宮となるが、敦賀津の管理にも大きな影響を与えていく。

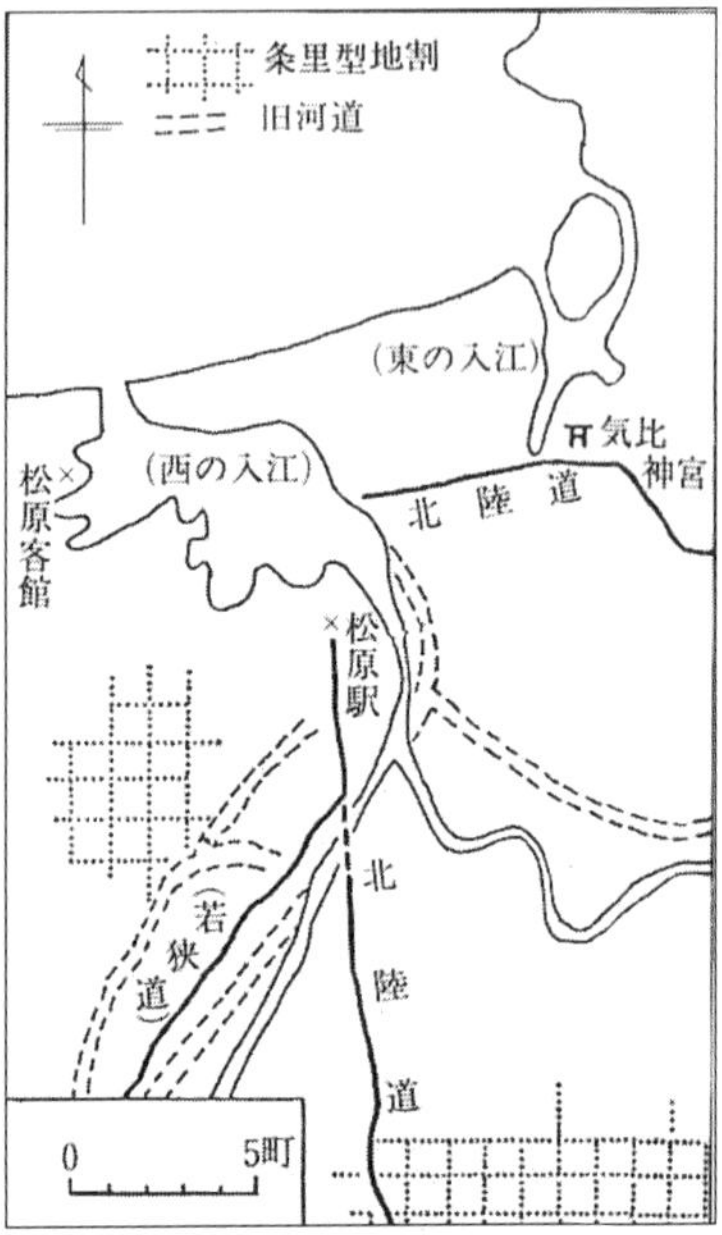

図5－1　古代の敦賀津
（福井県1993所収図を一部変更）

院政期において、越前国は院の知行国《ちぎょうこく》となっており、越前守には院の近臣が選任され、院による国衙《こくが》支配が進展する。安元二年（一一七六）の八条院《はちじょういん》領目録（『平安遺文』五〇六〇）には「越前国気比」と載せられており、気比社・気比荘も院の影響化に組み込まれていく。八条院領は、鳥羽院の娘八条院が鳥羽院から受け継いだ莫大な院領荘園群である。気比社が院領化した正確な経緯は不明であるが、美福門院《びふくもんいん》（鳥羽院の后、八条院の母）が越前国主《こくしゅ》であった一二世紀中頃に、その縁故で越前守となった藤原惟方《これかた》が関わっていると考えられている。『公卿補任《くぎょうぶにん》』によれば、藤原惟方は越前国守に就任した永治元年（一一四一）一二月に皇后宮権大進《こうごうぐうごんのだいしん》を兼任したが、皇后とはこの月に即位した近衛《このえ》天皇の母、美福門院のことである。美福門院は即位にあたって皇后に昇り、以後「国母の皇后」として、宮廷内外に隠然たる勢威を築いたのである（福井県一九九三）。塩津港遺跡からは、一二世紀中頃の港湾遺構とともに、「皇后宮御封米《ふうまい》」「代十石栗毛母馬」の記載のある木簡が出土している。皇后宮領からの馬の貢納物と考えられている（濱二〇一四）が、敦賀気比社からの可能性が高いであろう。

八条院領は後鳥羽院・後高倉院を経て安嘉門院《あんかもんいん》・亀山上皇、さらに大覚寺統へと相伝されていくが、建久七年（一一九六）に八条院領の一部が九条良輔《くじょうよしすけ》に「分賜」された。良輔がこの時に得たのは「分賜」された八条院領荘園の領家職であったと考えられ、気比社もそのうちに含まれており、気比社は本家―天皇家、領家―九条家という支配に置かれる。九条良輔が得た領家職は、建保六年（一二一八）の良輔の死後、山門の青蓮院慈源《しょうれんいんじげん》に譲られ、その後は気比社社務職とともに青蓮院が管領することになり、鎌倉後期には本家―大覚寺統、領家―青蓮院という関係になった。貞永二年（一二三三）二月一四日尊性法親王《そんしょうほっしんのう》書状（『鎌倉遺文』四四四三)で、天台座主《てんだいざす》尊性法親王は、「度繁《のりしげ》」に宛てていた「敦賀津勝載」について、「女院」と交渉を行っている。「女院」とは、八条院領の大部分を相続し、貞応三年(一二二四)に院号宣下を受けた安嘉門院のことで、「度繁」は安嘉門院に出仕していた平度繁をさす。『十六夜日記《いざよいにっき》』などで知られる歌人阿仏尼《あぶつに》は平度繁の娘であり、姉たちとともに早いうちから安嘉門院に仕えていた(田渕二〇〇九)。

青蓮院の敦賀支配

やがて山門の影響力が強まり、気比社や社領の支配・人事などは、すべて山門青蓮院門跡《もんぜき》の管理下に置かれることになっていく。気比社は敦賀郡を核に近江・若狭から北陸道諸国に広がる気比神人による人と物の供給システムを有していた。気比社の本社神人は専業の神職で、社領経営や商業活動などとは無縁であったが、越前から能登・越中・越後・佐渡などの日本海岸に広く展開した在国神人は、和布《わかめ》・海苔《のり》・丸鮑《あわび》(鮑)・鮨桶《すしおけ》・鮭《さけ》など、公事物の生産・輸送を請け負うとともに、気比社を各地に勧請《かんじょう》していた。青蓮院はこのような供給システムを吸収していくのである(外岡一九九三・一九九六・二〇〇五)。前述したように、北陸道諸国には多くの日吉神人が散在したが、そのなかには気比神人を兼ねる者もいた。建保二年(一二一四)四月二五日中原政康解(『鎌倉遺文』五〇六三〇)によれば、内裏大番役《だいりおおばんやく》を賦課されそうになった中原政康は、自分は日吉神人であるとともに「気比大菩薩《だいぼさつ》神奴」で、祖父以来その器量ではないことを主張して御家人役を忌避《きひ》している。日吉神人兼気比社神人であり、越前守護に内裏大番役を催促される存在でもある政康は、気比社に一定の負担を負いながら、北陸道諸国で運送などの活動を営んでいたと思われる（網野一九九八）。

嘉元二・三年（一三〇四・五）頃に作成された原本の忠実な写しと考えられる光明寺《こうみょうじ》本遊行上人縁起絵《ゆぎょうしょうにんえんぎえ》（新修日本絵巻物全集）には、正安三年（一二九九）に敦賀に入った他阿真教《たあしんきょう》（遊行上人）が気比神社を参拝した際、社家の要請で西門の道を造った状況が描かれている。詞書きに「広さ二丈あまり、遠さ三丁余也、さても其あたりハおひたゝしき沼なりけれハ、すへてうむへき土のたよりもなかりけるを、聖、社頭より四・五町ハかりゆきて、浜の砂を運ハしめ給程に、時宗《じしゅう》の僧尼、われも〳〵とあらそひける」とあるように、湿地帯に海岸から砂を運んで道を造成したという。この段階でもまだ入江が広がっていたと推測されるが、気比神社の参道整備というだけではなく、道路や水路などの交通網の再編成であった可能性が指摘されている（岩本二〇〇五）。港湾の積極的な整備工事が進められたのであろう。

敦賀津では、鎌倉期から室町期初めにかけて、年貢米などを積み入津する船に対し、升米《しょうまい》と称して石別一升の米穀を課徴していたが、これは前述した勘過料・勝載料の発展したもので、一定の上分を気比社に保証しながら津の刀禰らが徴収したものと考えられる。敦賀津の勝載料徴収は山門の権利となっており、気比社・山門の修造を名目とした升米が徴収されたのであるが、敦賀津に入港する船の増加により、新たに西大寺《さいだいじ》や祇園社《ぎおんしゃ》などの修造を名目とした升米も設定されていく（外岡二〇〇五）。このように敦賀においても、山門の影響力はきわめて大きいものがあった。中世の敦賀では入江が次第に埋積し、津としての機能が低下していったと推測され、やがて浜堤状砂丘の海側の浜に集約されて津湊の機能維持が図られていく。それとともに、砂丘上には多くの町が成立したと推測されている（南出二〇一八）。

湖西の津湊

琵琶湖西岸ではどうであったろうか。前述したように『延喜式』段階では、若狭国の運上物は陸路で湖西勝野津に運ばれ、そこから琵琶湖上を大津へ向かった。勝野津は現在の高島市勝野に比定され、『延喜式』に記される北陸道の三尾《みお》駅は、高島市安曇川《あどがわ》町三尾里が遺称地となり、両者は近接していた。『続日本紀』天平宝字八年（七六四）九月一八日条によれば、藤原仲麻呂《ふじわらのなかまろ》（恵美押勝《えみのおしかつ》）は北陸道の愛発《あらち》関を避け、湖西から塩津へ船で向かう。しかし逆風で沈没しかけたため引き返し、「三尾埼」で孝謙天皇側と衝突し、「勝野鬼江《おにえ》」で一族は殺害される。「三尾埼」（水尾崎）に比定される現明神崎から鴨《かも》川河口付近にかけては、現在乙女《おとめ》が池と呼ばれる内湖（ラグーン）が位置し、湖畔には大溝《おおみぞ》城の遺構が遺るが、この内湖が「勝野鬼江」の名残と考えられ、勝野津は内湖付近に成立していたと想定される（高島町一九八三）。しかし一一世紀後半には、治暦元年（一〇六五）太政官符に明らかなように、木津が新しく湖西を代表する津湊として現れる。気山津から倉見峠《くらみとうげ》を越え、熊川を経て木津に至るルートは、標高差も少なく、冬の積雪も少ない。一二世紀後半には、小浜湾の西津も登場し、次第に若狭を経由した日本海岸地域との交通も盛んになっていく（福井県一九九三）。

　永承二年（一一四七）一一月二五日若狭国雑掌《ざっしょう》秦安成解案および同日の若狭守橘某切符案（『平安遺文』六四九・六五〇）によれば、木津に置かれた若狭国の納所《なっしょ》（年貢などの収納に関わる施設）に対して、若狭国司は東大寺の若狭国封戸《ふこ》の代米六五石六升八勺を下すことを命じた。封米は木津から湖上を漕運され、次いで陸路で奈良まで運送されるが、琵琶湖を渡る海路料二石五斗八升三合三勺と東大寺までの陸上運賃一二石四斗七升七合五勺とが雑賃として差し引かれ、残りの五〇石が東大寺に進上されている。古代の北陸道はのちの西近江路とほぼ重なり、大津を経て、琵琶湖の西岸を北上するが、この時期の木津は陸路と水上交通路の接点として、交通・流通のセンターの役割を果たすようになるのである。

　木津を中核に成立したのが木津荘である。『天台座主記』には、保延四年（一一三八）九月末から一〇月初の鳥羽院山門行幸に際し、「千僧供料《せんぞくりょう》として、近江国木津庄を施入す」とある。建保四年（一二一六）八月三日延暦寺政所下文《くだしぶみ》案（『鎌倉遺文』二二五四）にも、「当庄は、鳥羽院の御時保延年中の比、山門領に寄附せらる」とみえており、木津荘が鳥羽院の寄進によって山門領荘園となったことは間違いない。本来は王家領荘園であったと思われるが、この段階で山門の強い影響力が及ぶようになる。鎌倉期以降、木津は若狭国内諸荘園の年貢輸送の中継地点として、多くの荘園文書に現れる。承元元年（一二〇七）一二月関東下知状《げちじょう》（『鎌倉遺文』一七〇九）には、太政官厨家《だじょうかんちゅうけ》領国富荘《くにとみ》（現福井県小浜市）における領家と地頭の相論の中で、「京上并びに木津越夫馬役」が問題とされているが、「木津越」とは江若国境の山を越え、木津に出ることであった。この他、太良荘《たら》（同）・瓜生荘《うりう》（現福井県若狭町）・御賀尾《みかお》浦（同）など多くの荘園が、木津を経て京都へ年貢などを輸送していたことが明らかであり（『鎌倉遺文』一二七九〇・一三七六七・二五三〇四・二六七七五など）、木津には問丸《といまる》も置かれていた（『鎌倉遺文』二四一二〇・二四四七三）。太良荘の例からは、年貢は船に積まれ、のちに若狭街道・九里半街道と呼ばれる若狭路に沿うように流れる北川を遡上し、夫・馬で国境の山を越えて、木津に至ったようである（小浜市一九九二）が、それは他荘も同じであっただろう。

木津から今津へ

このように中世前期においては、若狭との交通における木津の地位は絶大なものがあったが、後期には木津の北、石田川河口部に位置する今津が発展し、のちには完全に今津が優位に立つ。至徳二年（一三八五）九月二〇日太良保京上夫配符（東寺百合文書ハ函）には、「今津越人夫事」がみられる。一四世紀後半頃に成立したと考えられている『源平盛衰記《げんぺいじょうすいき》』巻二八に、「西路ニハ、大津・三井寺《みいでら》・片田《（堅田）》浦・比《ひ》良《ら》・高島・木津ノ宿、今津・海津《かいづ》ヲ打過テ」と、寿永二年（一一八三）四月に木曽義仲《きそよしなか》追討のために平氏の軍が通過した経路に、木津と今津は並列されているが、同じく一四世紀後半に現在広く読まれている形が成立したと推定されている『太平記』の巻二七では、「事ハ堅田ニ引網ノ、目ニモタマラヌ我泪《なみだ》、今津・甲斐《（海）》津ヲ過行バ、湖水ノ霧ニ峙《そばだち》テ」（表記は岩波古典文学大系）と、今津は記されても、木津はみえない。応永三四年（一四二七）二月に、湖西を通って越前に向かった飛鳥井雅縁《あすかいまさより》の『宋雅《そうが》道すがら之記』（『続々群書類従《ぞくぞくぐんしょるいじゅう》』九）には、堅田・比良を経て、白鬚《しらひげ》神社や打下《うちおろし》の浜、竹生島を見ながら、「河原市《かわらいち》とかや申所にしばらく立寄、そのつゞきに里有、とえば今津と申す」とある。西近江路が安曇《あど》川を渡った北岸の河原市が現れ、そこから今津に至り、海津に向かったのであるが、ここにも木津は登場しない。若狭国太良荘においても、文安三年（一四四六）六月に同荘で鋳造《ちゅうぞう》された東寺の鐘は、五〇人の人夫によって今津まで運ばれており、そこからは大津まで船で運送したのである（水野二〇〇九A）。

　木津荘は延暦寺三千大衆《だいしゅ》全体に関わる経済的基盤で、天台座主直轄の山門寺務機構寺家が管理・運営する千僧供料荘園として成立し、富永《とみなが》荘（現長浜市）・栗見《くりみ》荘（現東近江市）と

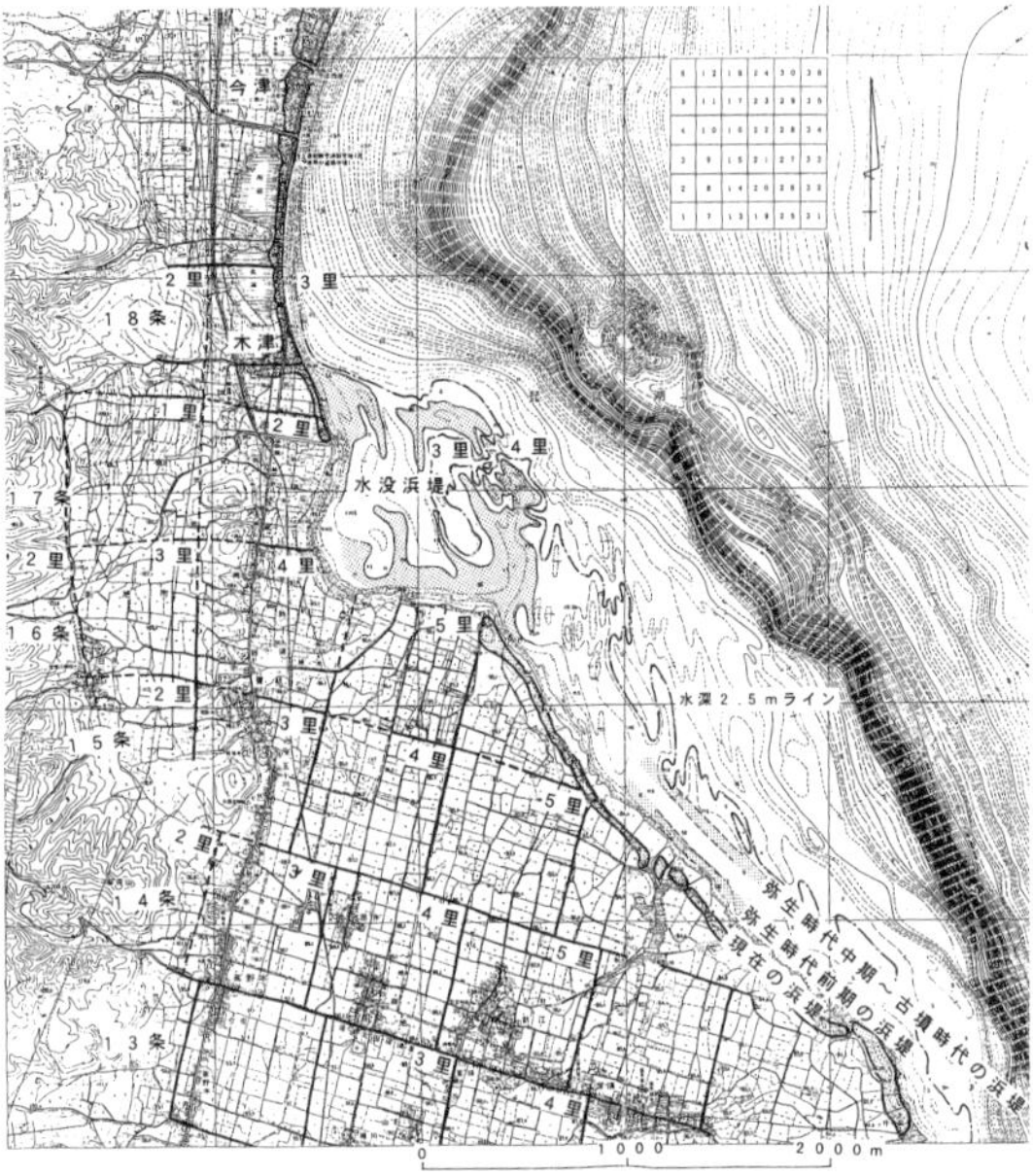

図5-2　木津荘条里図

ともに、最重要荘園と位置づけられていた。当然木津荘は、木津の存在を前提にした荘園であったが、しかし中世後期には、木津は基幹的津湊としての地位を失ってしまう。その理由は何であったろうか。

　地元の饗庭《あえば》昌威《まさたけ》家には、田地一筆ごとの斗代・面積・耕作権所有者などが記された、応永二九年（一四二二）の検注帳および無年記の引田帳という二種類の帳簿が伝えられている。帳簿の耕作者名分析からは、引田帳の方が二〇～三〇年ほど先行して作成されたことも明らかであり、二つの帳簿の間、すなわち一五世紀初頭前後に、

表5－1　引田帳と検注帳の比較（単位は反・歩）

条　里	引田帳面積	検注帳面積	増減・その他
18条3里5	7	6.216	
6	なし	なし	
10	10.04	10.18	
11	なし	なし	現内湖
12	なし	なし	現内湖
15	8.24	10.01	増加
16	なし	なし	現内湖
17	なし	なし	現内湖
18	なし	なし	現内湖
19	4	4.000（10.000）	
20	4	6.240（10.000）	増加
21	なし	なし	現湖岸線
22	なし	なし	現湖岸線
23	なし	なし	現湖岸線
24	なし	なし	現湖岸線
25	なし	なし	現湖岸線
26	なし	なし	現湖岸線
17条2里25	6.19	6.244	
26	7.08	5.3	減少
27	4.05	4	
28	8.22	8.06	
29	5.35	6.036（10.036）	
30	なし	なし	
31	10.06	10.036	現湖岸線
32	なし	なし	現湖岸線
33	なし	なし	現湖岸線
34	なし	なし	現湖岸線
35	なし	なし	現湖岸線
36	なし	なし	現湖岸線
3里19	1.34	なし	耕地消滅・現湖底
20	6.32	なし	耕地消滅・現湖底
25	9.27	なし	耕地消滅・現湖底
26	6.01	なし	耕地消滅・現湖底
27	3.24	なし	耕地消滅・現湖底
31	7.12	なし	耕地消滅・現湖底
32	7.22	なし	耕地消滅・現湖底
33	5.23	なし	耕地消滅・現湖底
4里　1	7.31	なし	耕地消滅・現湖底
2	3.12	なし	耕地消滅・現湖底
3	0.18	なし	耕地消滅・現湖底
7	4.31	なし	耕地消滅・現湖底
16条4里29	6.330（10.000）	7.000（10.000）	
30	5.350（11.000）	6.000（10.000）	現湖岸線
35	9.080（10.000）	9.300（10.120）	
36	0（10.000）	なし	耕地消滅・現湖岸線
5里5	1.090（10.040）	1.09	
6	0（10.000）	なし	耕地消滅・現湖岸線
10	0（10.000）	0（5.252）	減少
11	5.150（10.290）	0.18	減少
12	6.280（11.030）	なし	耕地消滅・現湖岸線
16	8.280（10.000）	7.108（8.108）	減少
17	5.280（10.040）	なし	耕地消滅
18	9.270（10.000）	なし	耕地消滅・現湖岸線
19	7.230（10.340）	6.300（9.180）	
20	6.000（9.290）	6.180（8.180）	
21	9.160（10.050）	9.05	
22	7.220（10.000）	7.240（9.240）	
23	8.24	3.18	減少
24	9.02	なし	耕地消滅
25	7.2	7.240（9.260）	
26	8.21	4.12	減少
27	9.34	0.288	減少
28	9.09	4.266	減少
29	8.29	なし	耕地消滅
30	9.34	なし	耕地消滅
31	7.2	8.000（10.000）	
32	8.3	8.068	
33	6.19	0（0.150）	減少
34	7.33	なし	耕地消滅
35	5.27	なし	耕地消滅
36	2.330+ α	なし	耕地消滅

一七条三里・四里などの耕地が著しく減少・消滅していることが確認できる。耕地の消滅した二カ里の比定地は、図5―2に明らかなように、水没した浜堤状の砂堆となっており、引田帳段階ではまだ耕地として利用されていたと判断できる。

この水没浜堤は、地元では「かくれ道」と呼ばれる浅瀬となっているが、かつては水上に出ており、その内側は大規模な内湖となっていたのである。塩津港遺跡からは、平安時代後期の琵琶湖の水位は標高八三メートル前後であり、現在までに約一・五メートル上昇しているが、南郷洗堰《あらいぜき》が完成する以前は、現在の基準水位よりさらに八〇センチから一メートル高かったのであり、琵琶湖の水位は平安時代後期から二メートル以上上昇したことが指摘されている（滋賀県教育委員会・滋賀県文化財保護協会二〇一九）。

木津荘が成立した一二世紀は、現在に比べて琵琶湖水位が低く、津湊立地に適合的な大規模な内湖が存在して、それが平安・鎌倉期に木津が発展する前提条件の一つであった。浜堤の水没理由であるが、一五世紀初頭前後に湖西地域で地盤沈下を起こさせるような地震の記録はなく、水位上昇による水没と考えられる。一七条三里・四里の耕地群は、引田帳でも最低の斗代で、きわめて劣悪な状況にあり、応永二九年（一四二二）段階では、検注の対象たりえなくなってしまったのである。平安・鎌倉期の湖西の基幹的津湊であった木津は、港湾発達の前提であった湖岸浜堤・内湖の水没によって、大きな影響を受け、北部の今津の

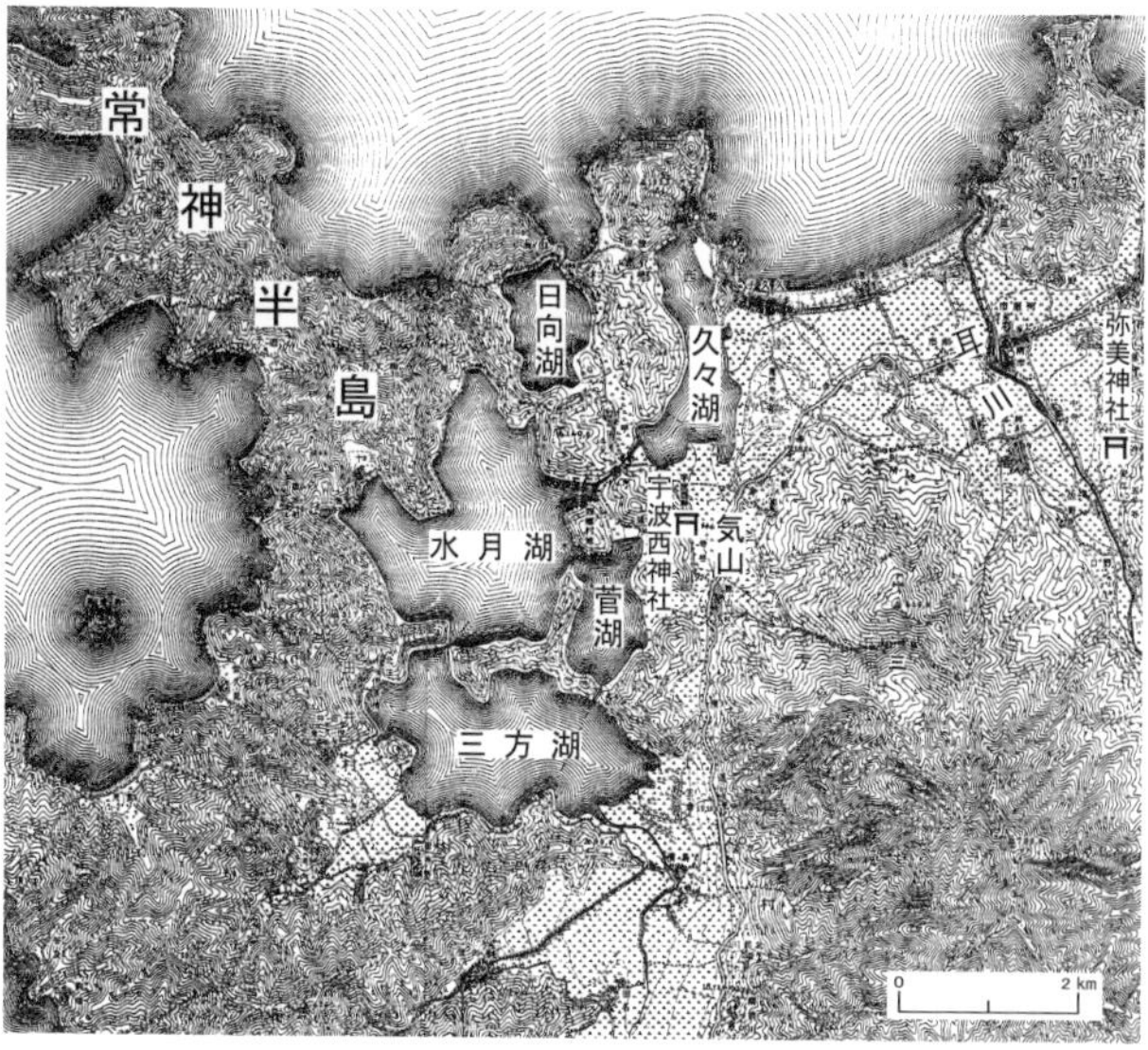

図5-3　気山津周辺地域

内湖が新たな津湊の適地として選ばれた。中世後期には今津が若狭路の起点となっていくが、木津と今津の盛衰はこのような湖岸環境変化と密接に関わっていたのである（水野二〇〇九B）。

若狭気山津

治暦元年（一〇六五）太政官符に登場した気山津は、若狭湾の東部の三方《みかた》五湖の一つである久々子《くぐし》湖の南奥の気山（現福井県若狭町）付近に位置した津湊であった。三方五湖のうちの四湖は地盤の沈降によって誕生し、自然状態では独立した淡水湖であったが、久々子湖だけは砂州が発達して、湾入部を塞《ふさ》いで成立した潟湖である。

かつては深い湾奥に位置し、交通上

の重要な役割を果たした気山津であったが、次第に湾口が砂州によって閉塞され、南北朝時代以降は、入船が困難となって衰退したと推定されている。古代の駅路は、のちの丹後街道と近いルートで、気山近辺を通り、若狭湾に注ぐ耳川流域の弥美郷《みみ》には弥美駅が設置され、式内社弥美神社が美浜町《みはま》宮代に位置する。気山の宇波西《うわせ》神社は、王の舞で知られる延喜式内社で、若狭においてもきわめて社格の高い神社であったが、中世には山門青蓮院の支配を受けている(三方町史編集委員会一九九〇・美浜町誌編纂委員会二〇一〇)。

なお花折《はなおれ》断層北部や日向《ひるが》断層が活動した寛文二年(一六六二)の地震によって、久々子湖周辺は三メートルほど隆起しており(中央防災会議災害教訓の継承に関する専門調査会二〇〇五)、現在の気山周辺には津湊の面影はない。

三、湖岸の環境変動と津湊

琵琶湖の構造運動

琵琶湖はさまざまな地質学的な動きが複合し合う、国内の他の湖とはまったく異なる大きな空間である。琵琶湖の水位は、そのような変動の総和によって決定されるが、その変化は、津湊の立地をはじめ、湖岸に生きる人々の生活にきわめて重要な影響をもたらした。しかし膳所《ぜぜ》藩の観測記録などが遺されている一八世紀以降においては、水位の把握が可能であるものの、それ以前については、さまざまな方法から推定するよりほかはなく、不明な点も多い。

琵琶湖は、東西の幅が最も狭くなる堅田―守山《もりやま》のラインで南湖と北湖に分けられるが、南湖は埋積が進んで平均水位は約四メートルであるのに対し、北湖は平均水位が約四三メートルで北部ほど深くなっている。これは地殻《ちかく》の継続的な構造運動によって、北部の沈降が大きく、年平均一・五～三センチほど、南から北へ水域が移動してきたためである。また琵琶湖周辺の活断層は山地側を隆起させる一方、湖側を沈降させるが、西岸の沈降速度は東岸に比べて二倍以上も大きいため、東から西へ緩やかに湖底が傾斜している。とりわけ琵琶湖西岸断層は近畿地方有数の規模を持ち、活動性も高い。京都や近江に大被害を与えたマグニチュード七・四と推定される元暦二年（一一八五）地震は、この断層の南部（堅田断層）の活動によるもので、上下変位量は五メートル以上に達したとされる（産業技術総合研究所二〇〇七）。場所によって沈降量が異なる地殻変動は、琵琶湖の水位に大きく影響する（宮本・牧野二〇〇二、植村二〇〇一、小松原琢ほか二〇一〇）が、それとともに琵琶湖の水収支も、水位を大きく変動させる。

琵琶湖から流れ出す唯一の河川である瀬田川では、明治三七年（一九〇四）に南郷洗堰が完成して以降、人為的に流量調整が行われ、琵琶湖の水位がコントロールされている。それがなければ、現在でも一メートル前後は季節的に変動するのであり、降水量の変化は琵琶湖の水量に直接影響を与える。

降水量変動　図5―4は、樹木年輪セルロースの酸素同位体比から復原される日本列島の夏季（年輪の成長期）降水量の変動と、九世紀から一六世紀の東アジアの夏季平均気温を示したものである（水野近刊）。降水量は一〇～一一世紀前半は少なかったが、一二～一四世紀には変動が激しくなり、一五～一六世紀に増大するように、長期的には増加の傾向をみせている。また気温は九～一一世紀は高温期で、一二世紀半ばまで徐々に低下するが、一二世紀半ばに一気に気温が上がったのちは、一五世紀まで数十年周期で気温が乱高下するように、中期的な上下の振動を繰り返しながら、長期的には徐々に低下していく。

表5―2は現在最も詳細な中世災害年表である『日本中世気象災害史年表稿』（藤木二〇〇七）から、琵琶湖の気象災害に関わる記事を抽出したもので、降水量が多すぎて発生する水害と少なすぎる旱魃《かんばつ》が基本になっている。水害は多くの場合、局地的に発生し、史料的には京都と密接な関係にあった大津や、東西交通の要衝である瀬田（勢多《せた》）橋などに関わる事例が遺りやすい。そのため、個別の水害は全体的な降雨量データと一致しないケー

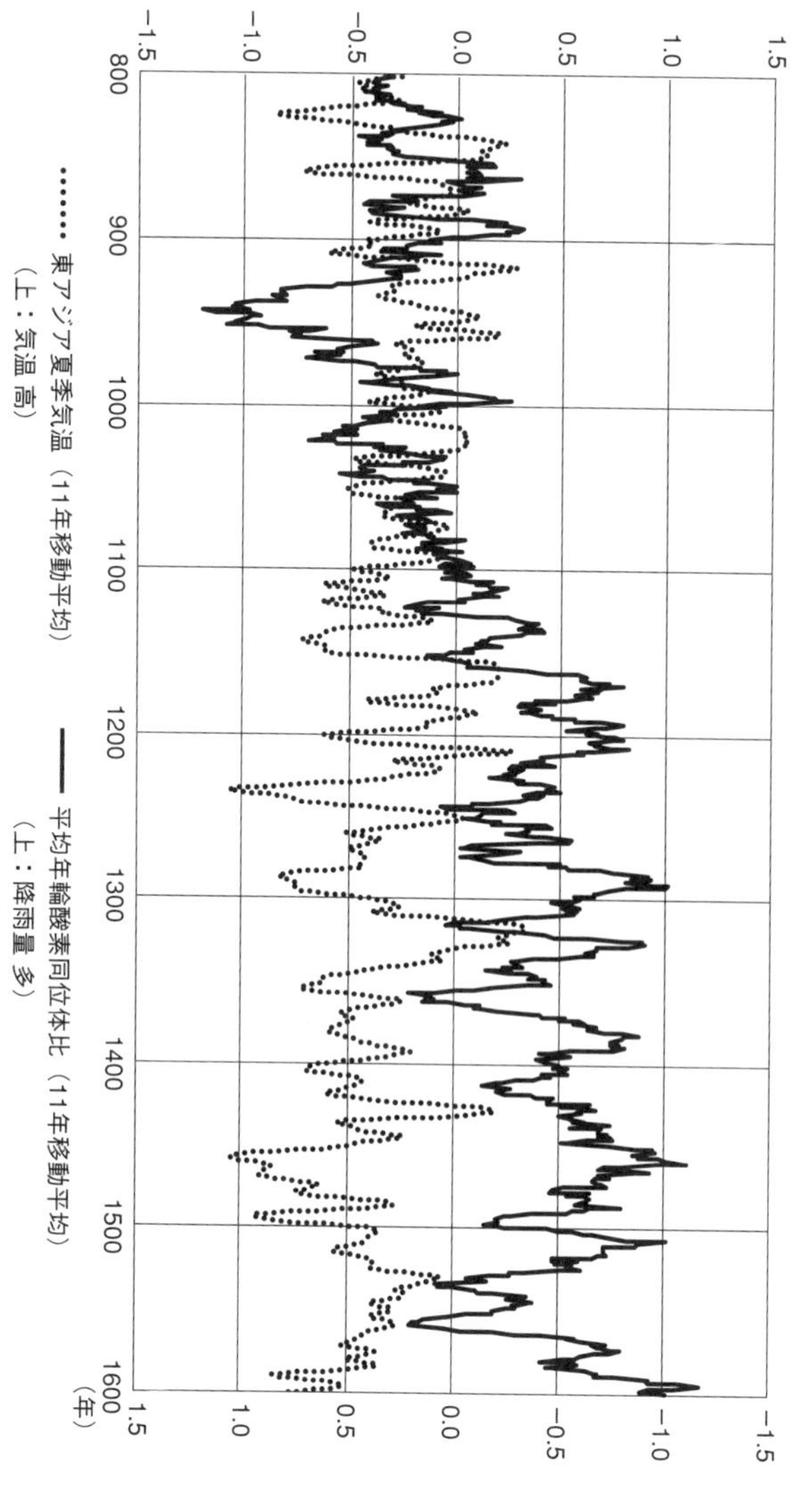

図5－4　東アジアの気温と降水量変動

表5-2　琵琶湖の気象災害

年　次	西暦	内容	出典
建仁2年	1202	大津辺湖水及室宇、仍召出吉富卜井丸船乗、自戸津騎馬	明月記
嘉禄2年6月3日	1226	忠弘法師一昨日参詣日吉、臨夕帰来云々、湖水溢而不人通、雖通山路、山階細流皆為大河、不及渡	明月記
康安2年6月	1362	今年ノ六月ヨリ、同十一月ノ始マデ、旱魃シテ五穀モ登ラズ、(中略)、此時、近江湖モ三丈六尺乾タリケルニ、様々ノ不思議アリ、	太平記
同上		六月ヨリ、十一月、至旱、五穀無之、人民飢死、江州湖三丈六尺乾了、	大乗院日記目録
応永27年	1420	天下大旱魃、畿内、西国殊不熟、人民多餓死、近江湖水三町乾枯、淀河無船渡、	立川寺年代記
文安3年6月	1446	夏、江州大水出、瀬田橋落、	立川寺年代記
長禄4年6月13日	1460	江客来曰、湖水大溢、浸爛平陸、田疇無敢下種者、其民皆去、餬口於他州云、五畿七道之河堤決折、橋梁無全者民憂、	碧山日録
明応3年8月5日	1494	又炎□極了、江州湖水三四丈減之間、神之御腰懸之□顕云々、(中略)、近国之大河如此之事、重事之至極也、	後慈眼院殿御記
明応4年9月14日	1495	先度洪水之後、湖水漫々、勢多橋両方引之、中程柱已及朽損歟、如今者、此橋又可断絶歟、可嘆々々、	実隆公記
永禄3年	1560	日照して、八ケ所の湖水、河成に成	細川両家記

スがあるが、旱魃《かんばつ》は広域的に発生するため、降雨量データと一致する度合いが高い。

琵琶湖の気象災害史料は一五世紀の事例が一番多いため、一五世紀の全国的な状況のなかで、琵琶湖の実態を確認しておきたい。図5—5は藤木年表から確認できる一五世紀の水害（洪水・霖雨《りんう》）、風害（大風）、旱害（旱魃）に関連する史料件数と、前述した年毎の夏季降水量および平均気温を対比したものである。

概して年輪酸素同位体比から復原される夏季の湿度の低い年（グラフが上に振れる年）は、旱魃史料が多い年と重なる。例えば旱魃史料の多い一四二〇年・一四三三年・一四三六年・一四五七年・一四七二年は、やはり湿度が低かったことが確認できる。水害（洪水・霖雨）関係史料の多い一四一九年・一四四一年・一四六〇年・一四七〇年などは、湿度が高かった年（グラフが下に振れる年）であるが、前述したように全体として降雨量の少なかった年でも、数日間集中して豪雨があれば、水害が発生する。そのため、旱魃史料と水害史料がどちらも多い年も存在する。一四四三年や一四六〇年がそれであるが、この時には大風の被害も起きており、発生時期から台風による水害と考えられる。

表5—2の琵琶湖での事例に即してみていきたい。応永二七年（一四二〇）は、「炎旱《えんかん》の事ハ、応永廿七・八両年、一天下不熟、無双の事也」（『大乗院寺社雑事記《だいじょういんじしゃぞうじき》』五）、「此の間、炎旱也、祈雨奉幣《きうほうへい》行なわる、諸寺において御祈禱《きとう》有り」（『看聞日記』同年五月二〇日条）など

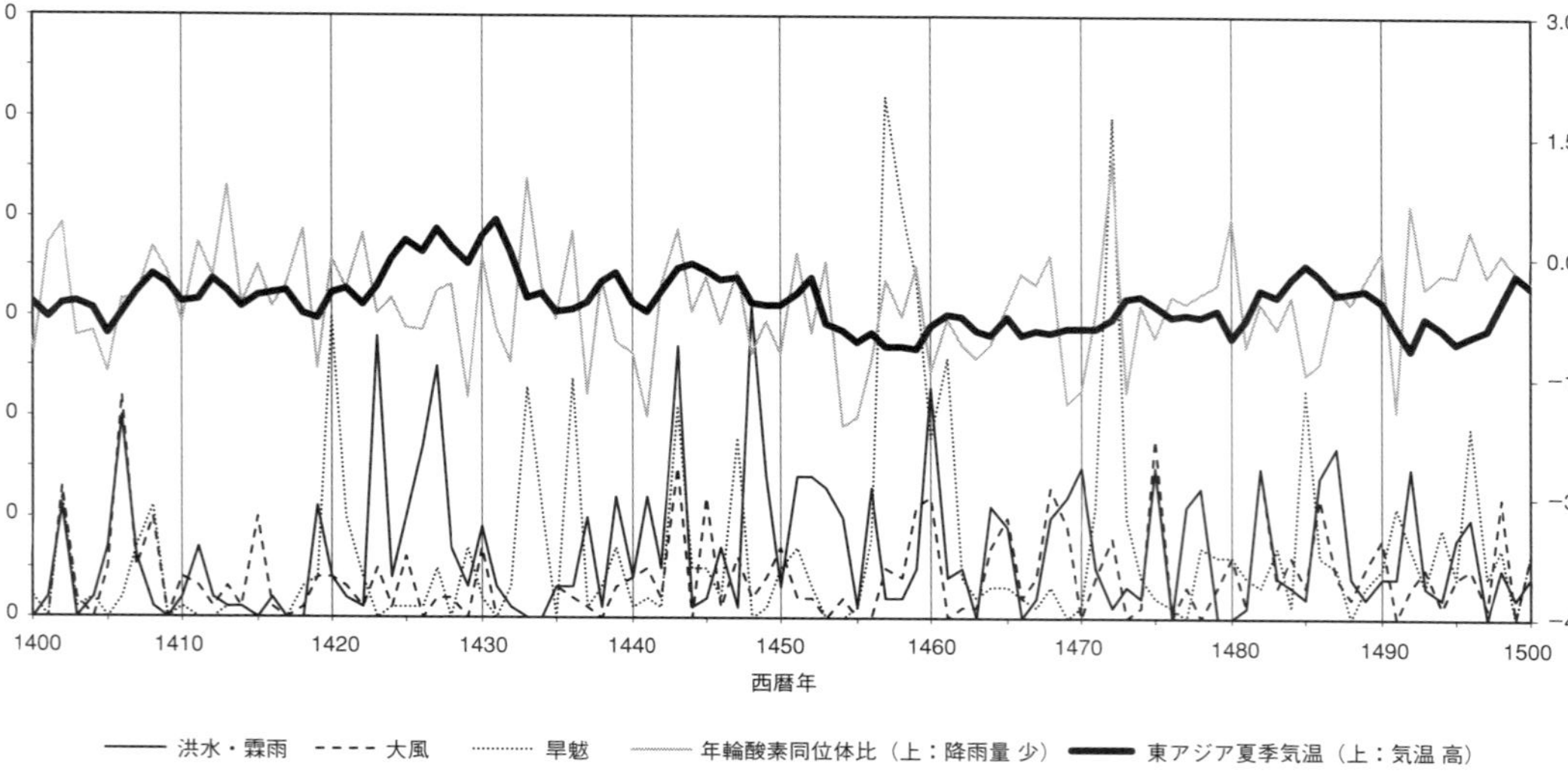

図5-5　15世紀の災害と気候変動

とある全国的な旱魃であったが、琵琶湖でも「近江湖水三町乾き枯る」とあるように、湖岸が三町干上がったという。また明応三年（一四九四）の旱魃は、「炎旱に依り、祈雨奉幣を行わる」（『続史愚抄《ぞくしぐしょう》』同年七月一〇日条）、「近日炎旱過法」（『親長卿記《ちかながきょうき》』同二三日条）などと見える畿内を中心としたものと思われるが、「江州《ごうしゅう》湖水三四丈減ず」と琵琶湖の水位が十数メートル低下したという。図5―5の範囲には含まれていないが、康安二年（一三六二）の旱魃の際にも、「近江湖モ三丈六尺乾タリケルニ、様々ノ不思議アリ」「江州湖三丈六尺乾きおわんぬ」とあるように、やはり琵琶湖の水位は一〇メートル以上下がったのであり、『太平記』巻三七によれば、干上がった湖底からは橋や道の跡が見つかったとされる。

　降雨量が少なければ、琵琶湖の水位は大きく低下するのであり。降雨量が多い場合は、当然その逆の現象が起きる。文安三年（一四四六）六月には「江州大水出る、瀬田橋落つ」とする記録があるが、これは「今日、止雨《しう》奉幣也、（中略）今月連々降雨、度々洪水也」（『師郷記《もろさとき》』同五月二一日条）などとみえる京都周辺で起きた洪水に関連しており、琵琶湖の南端瀬田川に架かる瀬田橋が流失したという。長禄四年（一四六〇）六月の琵琶湖が溢《あふ》れたという事例は、前述した旱魃・大風・洪水が連鎖して全国的に影響が出たものである。明応四年（一四九五）九月には、洪水で琵琶湖の水位が上がり、勢多橋が破損しているが、「美豆《みづ》御牧注進、堤七ケ所切落すと云々、洪水頗《すこぶ》る難治の事也」（『実隆公記《さねたかこうき》』同年八月二七日条）などとある京都を中心とする洪水と思われる。

あらためて確認するまでもないが、降水量は琵琶湖の水位に決定的な影響を与えている。図5―5が示すように、中期的な振動を繰り返しながらも、中世後期には降水量は増大するのであり、琵琶湖への水供給は確実に増加していくのである。

瀬田川の流量変化

このような琵琶湖に流入する水の量とともに、唯一の排水口である瀬田川の流量変化も、琵琶湖の水位に大きな影響を与える。琵琶湖周辺の水害には、河川の氾濫《はんらん》と、「水込み」と呼ばれる琵琶湖の水位上昇によるものの二タイプがあるが、近世では、「水込み」に対応する瀬田川浚渫《しゅんせつ》問題がクローズアップされる。膳所《ぜぜ》藩史料には、享保六年（一七二一）からの継続的な水位記録が遺されており、その記録などをもとに江戸時代中・後期からの瀬田川の疎通《そつう》能力が推定されている（庄ほか二〇〇一）。それによれば、瀬田川疏通能力は天保の大浚渫以後、明治時代末期の瀬田川改修の着手まで瀬田川疏通能力はほぼ一定であり、天保浚渫以前は多くの古記録にも記されているとおり、疏通能力が低下していた可能性が大きいという。天保二年（一八三一）・同四年（一八三三）の浚渫工事によって、一時的に水位が下がるまでは、瀬田川河床への土砂堆積が進行しており、琵琶湖水位は上昇していた。中世後期には、土砂供給が増大していた可能性が高い。

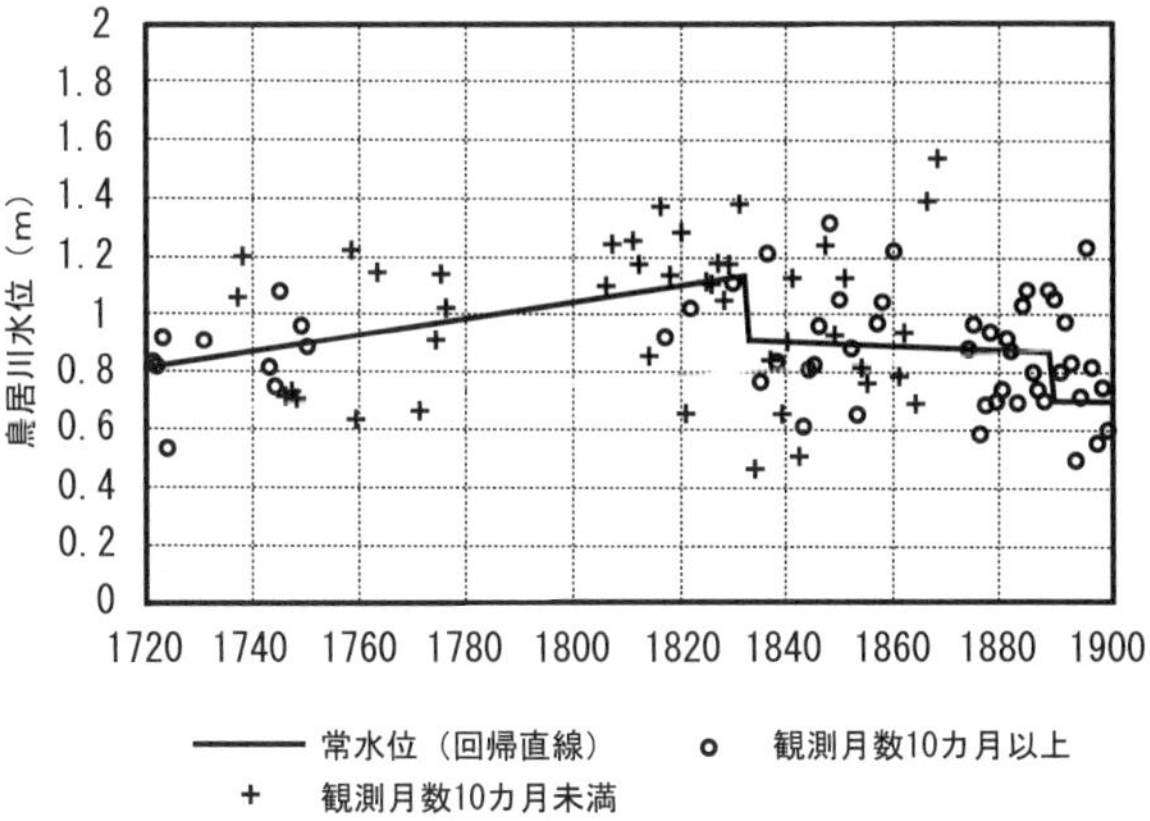

図5-6　近世の琵琶湖水位変動（庄ほか2001）

瀬田川と大戸《だいど》川が合流する田上《たなかみ》（現大津市）は、古代には田上山作所《さんさくしょ》が置かれて材木が伐り出され、中世においても杣《そま》や牧が設置された。瀬田川のこの地点は、河床に土砂が堆積しやすい環境にあり、浅瀬には氷《ひ》魚《うお》（アユ）などを捕獲する網代《あじろ》が設置されていた情景が、平安末期の『散木《さんぼく》奇《き》歌集《かしゅう》』などでも詠まれている。田上西南部の関津に位置する関津《せきのつ》遺跡では、河川による堆積や氾濫にともなう砂を主体とする水成堆積層が確認されており、丘陵裾部の小山川による堆積は一三世紀後半以降、瀬田川による堆積が一五世紀後半以降、丘陵中央部の嶽《たけ》川によるものは一六世紀後半以降で、堆積物の供給源は田上山地である（滋賀県教育委員会・滋賀県文化財保護協会二〇一〇）。関津遺跡での花粉分析からは、一二世紀以降、田上山地の開発が進行していくことも明らかで、中世後期には、開発による周辺山地からの土砂供給が増大していた。それとともに、降雨量も増加しており、土砂が瀬田川に運び込まれて、次第に疎通能力が低下していく。その結果、激しくなった「水込み」に対処するため、近世には湖岸の村々が共同の組織を作り、瀬田唐橋《からはし》から関津あたりまでの瀬田川を浚渫し、疎通能力を高めることを要求する請願が広がったのである（琵琶湖治水会一九六八）。

なお琵琶湖には多くの湖底遺跡が立地しているが、従来よりその標高から当該期の水面を推定するという方法がとられてきた。前述したように個々の遺跡の標高は、地殻変動の影響を受けるため、遺跡の標高が直ちに遺跡存続時の琵琶湖の水位を示すものとはならないが、一つの目安とはなる。現段階での湖底遺跡分析の総括では、「多くの湖底遺跡は一三～一四世紀で収束を迎える事例が多く、湖底遺跡の一つの画期をなしているものと思われる。この時期に大きな水位変動があったと思われる」（滋賀県教育委員会・滋賀県文化財保護協会二〇一四）とする。

琵琶湖の水位

中世後期には琵琶湖水位が上昇しており、湖辺耕地が水没したり、内湖が成立・拡大するなどの現象も確認できる（水野二〇〇九C）。琵琶湖における津湊は、このような変動に対応しながら成立・維持され、そして移動を余儀なくされたのである。

塩津港遺跡に即して確認しておこう。塩津においては、条件によって、水位の上昇にともなう湖岸線の湾奥への後退と、大川によって運搬されてきた土砂の堆積による湖岸線の前進とが起こる。遺跡の神社遺構部分では、一三世紀以降一八世紀頃までの五〇〇〜六〇〇年の間は堆積層が欠落しており、大川河口の後退が想定されている。中世後半に最も後退した状態になるが、その後再び堆積が進み、現在の湖岸近くに湖岸線を戻したのは、近世後半という。なお神社遺構の調査では、噴砂《ふんさ》および噴砂による地盤の沈下痕が検出されており、元暦二年（一一八五）七月の琵琶湖西岸断層南部が動いた大地震によるものと判断されている（滋賀県教育委員会・滋賀県文化財保護協会二〇一九）。

前述したように、湖西では勝野津から木津、そして今津へと、時期によって拠点津湊が移動した。津湊立地に最も好適であった内湖・ラグーンを選び、湖岸を走る北陸道との接続を意識しながら、南から北へ移動したのである。それに対し塩津では、一二世紀に造成・嵩上げされた港湾が一四世紀末頃に水没し、その後は第四章がふれたように、余地区や塩津中地区の大川周辺に塩津湊は移動したと思われる。そして近世後半以降は、大坪川（大川の旧河道）の河口を少し遡る地点に位置した。塩津は敦賀ルートへの入り口としての意味が大きいため、敦賀道と離れない地点で、なおかつ津湊として機能しうる一定の水深を確保できる場所が選ばれたのであろう。前述したように、湖西で木津が基幹津湊であった時期と、塩津港遺跡が津湊として機能した時期とはほぼ一致しており、琵琶湖全体の環境変化によって、津湊の存続も決定づけられていたのである。

四、瀬田川交通の変化

琵琶湖周辺の地震

現在の琵琶湖は、湖岸堤などにより固定されているが、これまでみてきたように降水量変化・地盤変動などのさまざまな影響を受けながら、大きく変容してきた。また琵琶湖周辺では、これまでに何度も大きな地震にみまわれている。元暦二年地震は、『方丈記』『平家物語』などの文学作品に描かれ、また『山《さん》槐記《かいき》』『玉葉《ぎょくよう》』などの記録にも多く記されており、平安末期の地震としては、関連史料は多い。前述したように、琵琶湖西岸断層南部（堅田断層）の活動によるもので、この地震についてきわめて詳細な記録を残している『山槐記』元暦二年（一一八五）七月九日条の記事「又聞く、近江湖水北へ流れ、水減じること岸より或いは四五段、或いは三四段、後日元の如く岸に満ちると云々、同国田三丁地裂け淵《ふち》に為《さ》ると云々」について、以前より琵琶湖で津波が発生した可能性が指摘されてきた。塩津港遺跡の神社遺構に関連しても、「地震に加え津波が押し寄せ本堂は北側に崩壊し、神像を失うという事態に陥ったと推測」されている（滋賀県教育委員会・滋賀県文化財保護協会二〇一九）。しかし近年の地震研究では、琵琶湖南部の水が北流したのち、一日以上の時間をかけて元の水位まで回復したと解釈されている。琵琶湖南部では地殻変動を受けなかったものの、それより北側において湖底が沈下し、その後に湖の水位が地震前の水準まで回復していく湖水の動きを記したもので、津波の表現ではないとする（小松原二〇一二・松岡ほか二〇一七）。

慶長元年（一五九六）閏七月一三日には、有馬《ありま》—高槻《たかつき》断層帯を起震断層とするマグニチュード七・〇と推定される地震が発生し、山城・摂津・和泉などに大きな被害を与えた（地震調査研究推進本部地震調査委員会二〇〇一）。方広寺《ほうこうじ》の大仏や伏見城《ふしみじょう》天守閣などが損壊したことでも知られるこの地震について、同年一二月二八日のルイス・フロイスの年報補遺（『十六・七世紀イエズス会日本報告集』第Ⅰ期）は、地震による地滑りや土砂崩れによって瀬田川が堰《せ》き止められ、その後の決壊によって、下流の伏見などに大洪水が発生した状況を記す。被害を記した文献だけでは判断できないが、地盤変動などをともなっていたのかもしれない。史料の多い元暦二年地震や慶長元年地震についても、琵琶湖周辺部にどのような影響を与えたのか、まだ十分には解明されてはいないのである。地震にともなう津波発生の有無や地盤変動などについては、今後の研究を待ちたいが、ここでは瀬田川の問題にふれておきたい。

古代の瀬田川交通

『万葉集』五〇「藤原宮の役民の作りし歌」には、「近江の国の　衣手の　田上山の　真木さく　檜《ひのき》のつまでを　もののふの　八十宇治川《やそうじがわ》に　玉藻《たまも》なす　浮かべ流せれ」（表記は岩波古典文学大系）とあり、田上山の檜が宇治川に流されていく情景が描かれている。

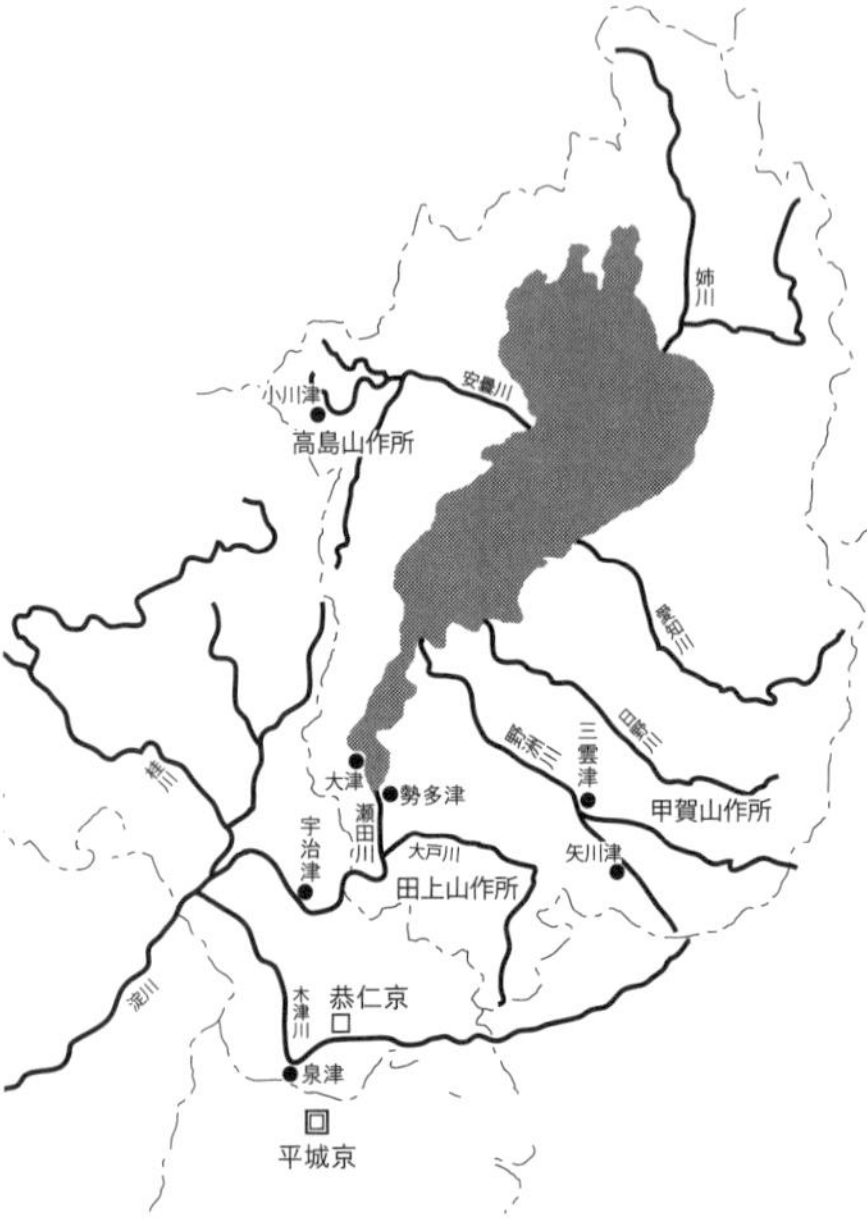

図5-7　琵琶湖水系図

近江では、大津市国昌寺《こくしょうじ》跡・草津市花摘寺《はなつみでら》廃寺跡などから、藤原宮と同笵《どうはん》の軒丸瓦が採集されており、藤原宮所用瓦の生産が国昌寺周辺で行われ、瀬田川によって藤原宮に漕運されたと推測されている（小笠原二〇〇三）。

また天平宝字六年（七六二）三月三〇日造石山院所銭用帳（『正倉院文書』一五—四四五）には、石山津（現大津市）から奈良へ桴《いかだ》

（筏）によって運ばれる材木の輸送費用二貫八六〇文の内訳として、石山津より宇治津までの輸送費が二貫二四〇文、宇治津から泉津までが四貫六二〇文などとされている。同年九月九日杉榑《くれ》漕運功銭米注文（『正倉院文書』五―二七八）では、近江湖西の高島山より漕運する杉榑六〇〇材の経費が記され、高島の小川津から宇治津までが三貫文、宇治津から泉津までが、一貫八〇〇文となっている。この他にも、勢多・石山の津や湖西の小川津から、瀬田川を通って、宇治へ木材を運んだ史料は多い。

平安期に入っても、似た状況が確認できる。『延喜式』木工寮《もくりょう》には、「凡そ近江国大津の雑材の直并びに桴功銭は、五六寸の歩板・一丈四尺の柱の直は各三十文、簀子《すのこ》・一丈二尺の柱の直は各十七文、榑一材は七文、同津より宇治津に至る榑一材の桴の功は一文半」とあり、大津―宇治津の桴による運賃が公定されていた。貞観一三年（八七一）八月一七日の山城国安祥寺《あんしょうじ》（現京都市山科区）の伽藍縁起資財帳《がらんえんぎしざいちょう》（『平安遺文』一六四）には、「船二艘一載廿斛、在大津、一載十五斛、在岡屋津」とある。安祥寺は宇治の岡屋《おかや》津と大津に船を有していたが、この大津が近江の大津である可能性は高く、大津―岡屋津間の水運を想定する見解もある（松原一九八五）。

物資の多くは陸路で運ばれたが、これらの史料から、琵琶湖周辺から瀬田川を下り、下流の宇治津に至る瀬田川ルートが存在していたことは間違いない。宇治からは京都・奈良のどちらへも、輸送は可能であった。

若狭などの北陸からの貢納物は、大津から陸路で奈良へ運ばれることが普通で、永承三年（一〇四八）七月五日東大寺切符案（『平安遺文』六六四）でも、越後からの鮭三二七八隻余は、大津から「車力」で東大寺へ運ばれた。材

中世以降の瀬田川交通

木なども、中世には大津・坂本から陸路で京都へ搬入されており（田村二〇〇三）、例えば享徳四年（一四五五）の南禅寺《なんぜんじ》仏殿材木は、琵琶湖では五〇〇艘の船、京都へは馬八〇〇〇駄で輸送された（『南禅寺文書』一九四）。永正四年（一五〇七）一〇月二六日東大寺領美濃国大井荘年貢散用状（『岐阜県史』史料編古代・中世三）では、「二貫文　関津より奈良に至る関駄賃」が支出され、田上の関津から奈良へ陸路で年貢輸送されたのに対し、同一八年の年貢散用状（同）では、大津までは船、そこから陸路で宇治・奈良に向かっており、琵琶湖の南を通るコースと、大津から京都を経由するコースの二つの陸路が確認できる。

近世においても、関津までしか船は通っておらず、そこから下流へは船や筏が通った形跡はない。慶長一九年（一六一四）九月二三日に林道春《どうしゅん》（羅山《らざん》）が吉田与一（角倉素庵《すみのくらそあん》）に宛てた書状（『大日本史料』一二―一四）に、勢多（瀬田）から宇治に通船することについて、「舟上下候へハいよいよよく候、たとえ舟上下成ず共、彼の岩石開候て、湖水こみ申さず候へハ、六七万石上田出来候、もし湖水二尺三尺引候ハヽ、近江にて廿万石新田出来候ハん」とあるように、瀬田から宇治への通船計画が立てられ、不可能な場合でも、瀬田川の疎通がよ

くなって「水込み」がなくなれば上田が大幅に増え、もし琵琶湖の水位を二〜三尺下げることができるならば、二〇万石もの新田開発が可能になるとしている。しかしその後も、何度か瀬田川通船計画が立てられるものの、実現されることはなかった（大津市一九八二）。

瀬田川は、関津浜から下流は岩の多い急流となっているが、古代には少なくとも筏は通行が可能であった。材木の需要・供給という問題があるが、瀬田川の河川環境に変化があった可能性も大きい。それは特定の地震というよりも、いくつもの要因が重なっていると思われる。

塩津の盛衰は、さまざまな琵琶湖の環境変動と深く連動している。塩津港遺跡の研究は、港湾都市塩津の重要性を解明する鍵となるとともに、歴史学の持つ新たな可能性を切り開く突破口となるものであろう。

参考文献

網野善彦「北陸の日吉神人」、『日本中世の百姓と職能民』、平凡社、一九九八年
岩本馨「「遊行の砂持ち」から見る港町敦賀」、伊藤毅・吉田伸之編『別冊都市史研究水辺と都市』、山川出版、二〇〇五年

植村善博「近江盆地と琵琶湖湖底の地殻変動」、『比較変動地形論』、古今書院、二〇〇一年
大津市『新修大津市史』4近世後期、一九八一年
小笠原好彦「藤原宮の造営と屋瓦生産地」、『日本考古学』一六、二〇〇三年
小浜市史編纂委員会『小浜市史』通史編上、一九九二年
加藤正俊「塩津地頭熊谷氏と空谷明応と長生宗久尼」、『禅文化研究紀要』二六、二〇〇二年
金井静香「再編期王家領荘園群の存在形態」、『中世公家領の研究』、思文閣出版、一九九九年
小松原琢「元暦二年(1185)近江山城地震の起震断層の再検討」、『歴史地震』二七、二〇一二年
産業技術総合研究所『琵琶湖西岸断層帯の活動性および活動履歴調査』、二〇〇七年
柴崎啓太「鎌倉御家人熊谷氏の系譜と仮名」、『中央史学』三〇、二〇〇七年
滋賀県教育委員会・滋賀県文化財保護協会『関津遺跡』Ⅲ、二〇一〇年
滋賀県教育委員会・滋賀県文化財保護協会『琵琶湖の湖底遺跡』調査成果総括編、二〇一四年
滋賀県教育委員会・滋賀県文化財保護協会『塩津港遺跡』1、二〇一九年
地震調査研究推進本部地震調査委員会『有馬—高槻断層帯の評価』、二〇〇一年
庄健治朗・長尾正志・富永晃宏「古記録を用いた歴史時代における瀬田川疎通能力の検証」、『水工学論文集』四五、二〇〇一年
高島町『高島町史』、一九八三年
田淵句美子『阿仏尼』、吉川弘文館、二〇〇九年
田村憲美「中世「材木」の地域社会論」、『日本史研究』四八八、二〇〇三年
中央防災会議災害教訓の継承に関する専門調査会『1662寛文近江・若狭地震報告書』、二〇〇五年

敦賀市史編さん委員会『敦賀市史』通史編上巻、一九八五年
戸田芳実「東西交通」、『歴史と古道』、人文書院、一九九二年
外岡慎一郎「王朝都市と荘園体制」、『初期中世社会史の研究』、東京大学出版会、一九九一年
外岡慎一郎「中世気比社領の基礎的考察」、『福井県史研究』一一、一九九三年
外岡慎一郎「中世気比神人とその周辺」、『福井県史研究』一四、一九九六年
外岡慎一郎「中世敦賀津の舛米について」、『敦賀論叢』二〇、二〇〇五年
錦昭江「流通網の進展と在地勢力」、『刀禰と中世村落』、校倉書房、二〇〇二年
濱修「「皇后宮」木簡と起請文祭祀」、『滋賀県文化財保護協会紀要』二七、二〇一四年
福井県『福井県史』通史編一原始・古代、一九九三年
南出眞助「港湾空間におけるボトルネック構造」、金田章裕編『景観史と歴史地理学』、吉川弘文館、二〇一八年
南出真助「古代敦賀津の中世的変容」、『人文』二四、一九七八年
琵琶湖治水会『琵琶湖治水沿革誌』第一巻、一九六八年
松岡祐也ほか「古代・中世を対象とする歴史津波発生の有無の検討方法」、『津波工学研究報告』三四、二〇一七年
松原弘宣「畿内における諸津の性格と機能」、『日本古代水上交通史の研究』、吉川弘文館、一九八五年
宮本真二・牧野厚史「琵琶湖の水位・汀線変動と人間活動」、『地球環境』七、二〇〇二年
三方町史編集委員会『三方町史』、一九九〇年
美浜町誌編纂委員会『わかさ美浜町誌』第一巻、二〇一〇年

水野章二「近江国木津荘の成立と展開」、『中世の人と自然の関係史』、吉川弘文館、二〇〇九年A
水野章二「中世村落の景観と環境」、同右、二〇〇九年B
水野章二「人と自然の関係史素描」、同右、二〇〇九年C
水野章二「災害対応」、中塚武編『新しい気候観と日本史の新たな可能性』、臨川書店、近刊
横井清『看聞御記』、そしえて、一九七九年

終章　中世的港湾都市の成立

水野　章二

塩津港遺跡の発見

長浜市西浅井町塩津浜地区で二〇〇六年から、大川の河川改修工事計画にともなう発掘調査が開始される。この付近に古代以来、琵琶湖の重要港として賑わった塩津港があったことは知られていたが、その実態はまったく不明のままであった。発掘調査が進められていくうちに、一一・一二世紀の神社遺構が確認され、その堀から大量の起請文木札が発見される。この起請文木札はすぐに注目を集め、多くの研究に引用されていくことになる。二〇一二年からは塩津浜集落の南端部で、国道八号線バイパス工事関連の発掘調査が実施され、一二世紀に造成された港湾遺跡が検出された。発掘面積は広いというわけではないが、その内容は従来の港のイメージを完全に覆すものであった。

近江を代表する津湊としてはまず大津があげられるが、『石山寺縁起絵巻《いしやまでらえんぎえまき》』巻二や『一遍上人絵伝《いっぺんしょうにんえでん》』巻七における大津の景観は、ただ砂浜と小船や繋留杭《けいりゅう》を描いているだけである。序章でもふれたように、大規模で恒常的な構造物をともなわない、自然条件に依存した港というのが、従来の古代・中世の津湊理解であった。しかし塩津港遺跡から検出されたのは、垂直護岸を築きながら、大規模に造成された港だったのである。

技術力の乏しい古代・中世では、自然地形を巧みに利用して港が造成されるが、環境変化や政治・経済の動向によって、機能が低下すれば、放棄され、移動してしまう。放棄された港は自然力によって破壊されたり、開発などによって攪乱《かくらん》されてしまうが、塩津港遺跡の場合、水没して湖底にあったため、保存状況がよく、遺物量もきわめて多い。古代・中世における交通・流通上の重要地点で、なおかつ港の造成から放棄までの過程が解明できるとともに、港に関わる神社の実態や信仰のあり方までも明らかとなった、希有の遺跡といってよいのである。

塩津における発掘調査は二〇一八年まで断続的に実施されたが、この間発掘担当者によって、発掘成果の一部は論文などの形で報告された。しかし塩津港遺跡の重要性は考古学だけにとどまらず、文献史学においても明白であり、総合的な研究が不可欠と思われた。そのため、二〇一七〜一九年に科学研究費基盤研究C「古代・中世の重要港塩津の総合的研究」(代表水野章二)を得て、考古学・文献史学による共同研究を進めることになった。本書はその共同研究メンバー五人の成果をまとめたものである。なお共同研究と平行して、二〇一九年三月に『塩津港遺跡』1として、大川河川改修工事計画にともなう三冊の発掘調査報告書遺構編・遺物編1・遺物編2(木簡)が、滋賀県教育委員会・滋賀県文化財保護協会から刊行された。

中世的港湾都市の成立

本書の各章でふれられているように、塩津・塩津港遺跡に関する画期的な諸事実が明らかになっている。とりわけ、一二世紀における中世的港湾都市の形成過程が解明できたことは、特筆してよいであろう。敦賀への道を基軸として塩津港の造成工事が行われ、湖岸は四〇メートル前進して、地面は二・五メートル嵩上げされた。「シガラミ」などのさまざまな工法で、船を接岸させることが可能な高さ一メートル程度の垂直護岸が築かれ、建物も次々と作られていく。大量の筏《いかだ》の鼻繰りの切り落としや木の切削屑《せっさくくず》から、塩津に木材の加工所が存在し、薄板（ヘギ板）が流通商品として、製造・販売・利用されていたことが明らかになった。数万本もの箸《はし》や松明《たいまつ》、輸入陶磁器や塗椀《わん》・京都系土師器《はじき》皿も大量に出土し、油などの製造・販売に使用したと思われる常滑《とこなめ》焼の大甕《おおがめ》も多数検出された。多くの都市住民が居住し、塗師・鍛冶《かじ》師・細工師などのさまざまな生業が営まれていた。すでに都市問題が発生していたことも注目される。ハエの蛹《さなぎ》が大量に出土し、ゴミや排泄物が水路や琵琶湖に捨てられていたため、清水を得るには井戸を掘るしかなかった。環境破壊は当初より開始されていたのである。構造船の部材や多くの船釘も出土し、板作り構造船の就航が明確になったのも、交通史研究上の大きな成果である。

また港に出入りする船を見守る神社遺構が検出され、一一世紀後半から一二世紀初頭では、神社本殿の構造から、禰宜《ねぎ》・祝《はふり》などの特定の人々を中心に祭祀《さいし》が行われていたと考えられる。一二世紀前半には本殿の構造は大きく変化し、同時に大型の附属建物三棟が新たに建てられ、神社境内は多くの人々が集う場となる。それまでは一尺＝三〇センチを基本単位とした尺であったが、一二世紀前半の本殿の改築や境内の変化にともない、一尺＝三五センチの尺が導入された。この時期、平安京では都市民が経済的に成長し、新たな神祭りの形が生み出されていたが、それが塩津に持ち込まれ、塩津港遺跡の一二世紀の神社変化につながったと考えられるのである。

出土した起請文木札からも、中世的祭祀の確立過程がうかがえる。一一世紀後半から一二世紀初頭の神社遺構にともなって出土した木札は、文字が確認できないものがほとんどで、塩津港遺跡の木札は無文木札↓祭文木札↓起請文木札と変遷したと考えられる。一二世紀中葉以降は起請文の書式は定型化する。神前で読み上げられ、一定期間を経て誓約が完了したのちは、刀で切断され、神社の鳥居外の堀に廃棄された。勧請された神仏は、天上神と地上神にはっきり区別され、下界では王城鎮守―当国鎮守―当郡鎮守―当所鎮守という重層的な構造が明確になる。自然環境の働きに由来する古代的な神観から、仏教的な教義と一体となった中世的な神観へと変化するのである。

環境変化と津湊立地

研究の成果として、もう一つ強調しておきたいのは、津湊の立地変化を確定できたことである。中世的港湾都市塩津がその姿を明確にする一二世紀は、中世荘園が本格的に確立する時期であった。塩津や敦賀・木津は王家領荘園として成立し、やがて山門の影響が強く及ぶ。従来より、中世後期における守護や戦国大名などの港湾支配の強化とともに、ラグーン（潟湖）や河道の変化が指摘されてきた。また奥州十三湊《とさみなと》や能登羽咋《はくい》などの日本海岸の津湊では、飛砂による埋没の事例も紹介されている（榊原二〇〇四・羽咋市教育委員会二〇一〇）。琵琶湖においても水位変動などにより、港が水没したり、移動する事実が再確認できたのである。津湊は水辺という地形的に不安定な土地に立地せざるをえないが、あらためて環境変化と人々の対応が問い直されることになった。

発掘された塩津港遺跡は一二世紀頃に造成され、一五世紀には水没しているが、それは塩津だけの問題ではない。湖西の基幹港も、勝野津→木津→今津のように、南から北へと変遷しており、塩津港遺跡の存続期間は、木津が登場してから水没するまでの時期とほぼ対応している。琵琶湖全体の環境変化のなかで、津湊の盛衰をとらえねばならないのである。琵琶湖岸とはまったく異なった状況ではあるが、敦賀や気山津などでも、環境の変化は大きい。

　塩津港遺跡が示すような水位上昇による機能停止・水没ののちは、塩津港はより谷奥の余地区や塩津中地区まで後退して、港として機能し続けたと思われる。そして近世後半には、徐々に塩津浜地区の大坪川の河口近くを港とする形態へと変化していく。結果的に江戸時代の港は、平安時代の位置に戻ったことになるが、従来は漠然と古代以来の港がそのまま存続し続けたと思われてきたのである。中世後期の正確な塩津港の位置や、大川などの周辺環境の解明については、今後の調査・研究に委ねることにしたい。

　発掘調査されたのは塩津港遺跡のごく一部に過ぎず、多くは地中に眠り続けている。塩津・塩津港遺跡の研究は、まだ始まったばかりである。本書が今後の研究の手がかりとなれば幸いである。

参考文献

榊原滋高「十三湊の都市構造と変遷」、青森県市浦村『中世十三湊の世界』、新人物往来社、二〇〇四年
羽咋市教育委員会『寺家遺跡発掘調査報告書総括編』、羽咋市教育委員会、二〇一〇年

執筆者一覧――掲載順、＊は編者

＊水野章二（みずの　しょうじ）……………………………… 序章・第５章・終章

1954年生、滋賀県立大学人間文化学部教授

『日本中世の村落と荘園制』（校倉書房、2000年）・『中世の人と自然の関係史』（吉川弘文館、2009年）・『里山の成立』（吉川弘文館、2015年）など。

横田洋三（よこた　ようぞう）…………………………………………… 第１章

1956年生、公益財団法人滋賀県文化財保護協会主任

「出土土師皿編年試案」（『平安京跡研究調査報告』第５輯、財団法人古代学協会、1981年）・「組合せ式船体の船」（『紀要』27、公益財団法人滋賀県文化財保護協会、2014年）・「古代日本における帆走の可能性について」（『科学』2017年9月号、岩波書店、2017年）など。

笹生　衛（さそう　まもる）…………………………………………… 第２章

1961年生、國學院大學神道文化学部教授、國學院大學博物館館長

『日本古代の祭祀考古学』（吉川弘文館、2012年）、『神と死者の考古学』（吉川弘文館、2016年）など。

濱　　修（はま　おさむ）…………………………………………… 第３章

1952年生、公益財団法人滋賀県文化財保護協会　嘱託

「塩津港遺跡の起請文木札について」（滋賀県文化財保護協会編『古代地方木簡の世紀』、サンライズ出版、2008年）・「近江と琵琶湖」（鈴木靖民ほか編『古代山国の交通と社会』、八木書店、2013年）・「出土文字資料に近江古代史を求めて」（『紀要』30、公益財団法人滋賀県文化財保護協会、2017年）など。

太田浩司（おおた　ひろし）…………………………………………… 第４章

1961年生、長浜市市民協働部学芸専門監

滋賀県立安土城考古博物館・長浜市長浜城歴史博物館編『琵琶湖の船が結ぶ絆―丸木船・丸子船から「うみのこ」まで―』（共著、サンライズ出版、2012年）、『湖の城・舟・湊　琵琶湖が創った近江の歴史』（サンライズ出版、2018年）、『覇王信長の海　琵琶湖』（共著、洋泉社、2019年）など。

カバー・口絵・本文の特に記載のない写真は、
すべて滋賀県教育員会の提供である。

よみがえる港・塩津《しおつ》
北国と京をつないだ琵琶湖の重要港

2020年3月16日　初版第1刷発行

編　者　水野章二

発行者　岩根順子

発行所　サンライズ出版
〒522-0004
滋賀県彦根市鳥居本町655-1
電話 0749-22-0627　FAX 0749-23-7720

印刷・製本　シナノパブリッシングプレス

Printed in Japan　ISBN978-4-88325-680-8